la cocina de los
postres

la cocina de los
postres

BLUME

contenido

Libérese del invierno y despierte sus sentidos con los bonitos colores y las texturas y los sabores delicados de la primavera. Permita que sus sentidos renazcan durante esta estación.

La abundancia de frutas frescas, disponibles durante el verano, consituye una excusa para la celebración. Obtenga el máximo partido de la deliciosa selección de bayas y frutas dulces y tropicales.

El otoño marca el inicio de los días fríos y cortos, pero quizás y, de forma más importante, indica la época ideal para disfrutar de postres dulces y sabrosos.

El remedio perfecto para los fríos días invernales radica en la cocina casera. Descubra los tonos dorados de esta estación, así como sus maravillosos sabores y texturas.

sabores para todas las estaciones

Muchos libros de cocina exploran los diferentes destinos exóticos del mundo culinario para dar a conocer sus técnicas y conocimientos. Este libro, sin embargo, tiene un objetivo muy sencillo, es decir, ofrecer grandes postres que siempre resultan ideales. Las recetas elegidas no sólo no son complicadas ni extravagantes, sino que también son fiables; algunas son muy sencillas y muchas resultan agradablemente familiares. No obstante, y por encima de todo, su sabor y olor es agradable y tienen un aspecto maravilloso. Se dividen por estaciones y se pone énfasis en ingredientes frescos de calidad, así como en las técnicas clásicas para su elaboración.
Si ojea las páginas del libro, y pasa de una estación a otra, descubrirá postres tan tentadores que deseará encontrarse al unísono en verano, otoño, invierno y primavera para poderlos preparar inmediatamente. Incluso sus títulos suenan bien, como, por ejemplo, cremas con ciruelas asadas, en otoño; tarta de coco, mango y almendras, en primavera; sorbete de mango y anís estrellado con barquillos de miel y macadamia, en verano, y un opulento budín de chocolate y canela en invierno.

Las frutas aparecen en numerosas recetas y se respeta su período estacional, por lo que no se mencionan peras frescas en una receta de primavera o arándanos en el capítulo dedicado al invierno. Podrá resarcirse si espera a que llegue el verano y disfrutar de una *mousse* de fresas y *mascarpone*, o, en los fríos y cortos días invernales, de una tarta *frangipane* de peras y nueces. Los clásicos ingredientes de pasteles, pastas y budines –huevos, harina, azúcar, mantequilla, crema y vainilla– aparecen en todos los capítulos, de modo que si dispone de ellos en su despensa sólo tendrá que adquirir muy pocos ingredientes para prepararlos. Añada algunas frutas, chocolate, miel, frutos secos, licores y especias, tales como cardamomo y canela, para obtener unos postres memorables.

Asimismo, aparecen descritas numerosas técnicas esenciales, es decir, unos procedimientos clásicos que aparecen una y otra vez y que resultan muy útiles. Entre ellas se encuentra la elaboración de pasta quebrada y de cremas y merengues perfectos. Algunas recetas resultan un poco laboriosas, aunque serán de gran utilidad. Pruebe las lionesas con *mascarpone* al café y salsa de chocolate negro en primavera, o el tronco de *ganache* de chocolate en otoño, cuando desee afrontar un reto. Otras muchas recetas resultan sorprendentemente sencillas. Al igual que ocurre con los ingredientes, la mayoría de los instrumentos necesarios se hallan en su propia cocina, tales como un robot y una batidora, moldes de pasteles de diversos tamaños, tamices, cuencos, cucharas y rodillos.

Nada le seducirá más que estos postres, que no necesitan ningún tipo de introducción.

primavera

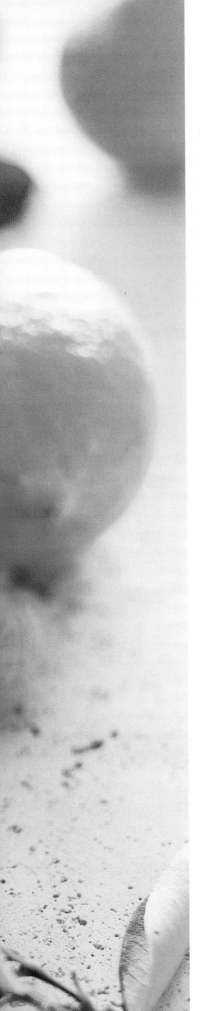

Los postres de este capítulo se caracterizan por sus bellos colores y sus suaves sabores. En este sentido, las delicadas tartaletas de *filo* con *pannacotta* y almíbar de rosas y pistachos, así como el *kulfi* de cardamomo, constituyen maravillosos postres primaverales. Estas preparaciones todavía no presentan el colorido ni la magnitud de los sabores veraniegos, pero tampoco están dominadas por los ingredientes invernales, que resultan mucho más consistentes. Algunos disfrutan de ambas características, como el budín de arroz, coco y lima, por ejemplo, que mantiene la textura reconfortante de un plato invernal, pero que marca el inicio de la nueva estación con el sabor limpio de la lima y se adelanta a los meses veraniegos, gracias al cremoso y tropical coco.

Tal y como ocurre cuando llega la primavera, existe cierta ligereza y frescor en estos postres. Hay incluso un elemento saludable en ellos (aunque no demasiado), gracias a los limpios y ácidos sabores cítricos de limas y limones, a la ligera acidez del yogur y al sabor picante del jengibre, que realza, en cierta medida, las papilas gustativas. Refrescantes granizados y helados en tonos rojizos y dorados empiezan a hacer su aparición, al igual que tartas rellenas de fruta o pastas ligeras. Los postres horneados, como la tarta de limón y el pastel de limón, higos y nueces con yogur a la miel, todavía nos recuerdan que las noches pueden ser frías.

El chocolate y el alcohol no tienen un papel destacado, aunque en caso de no seguir una dieta, encontrará postres con un poco de crema (el semifrío de chocolate y almendras es muy tentador), así como preparaciones con chocolate, como la salsa de chocolate, que podrá añadir a su gusto.

De todas las técnicas clásicas que se presentan en este capítulo, la preparación de una crema de textura suave, como la crema quemada de coco y jengibre, quizás sea la más difícil. El truco radica en asegurarse de que el agua del baño María no forme burbujas, ya que, de lo contrario, éstas se hallarían en la crema. Este hecho tiene mayor importacia al preparar un flan, ya que los agujeros se hacen visibles al desmoldarlo; sin embargo, vale la pena dominar la técnica para preparar una crema quemada. Por otra parte, nadie desechará una buena crema sólo porque presente algunos pequeños agujeros; de modo que debe tranquilizarse.

crema quemada de coco
y jengibre .... para 4 personas

ESTA CREMA TRADICIONAL HORNEADA POSEE UN TOQUE TROPICAL GRACIAS A LA INCORPORACIÓN DE COCO Y JENGI-
BRE, QUE COMBINAN PERFECTAMENTE Y QUE APORTAN SUS SABORES FRESCOS Y ÁCIDOS. PRUEBE ESTA RECETA. AUN-
QUE NO ES COMPLICADA, CADA PASO DEBE SEGUIRSE CUIDADOSAMENTE.

crema de leche espesa	500 ml
coco rallado	20 g
jengibre fresco	3 cucharaditas, finamente rallado
yemas de huevo	4, a temperatura ambiente
azúcar blanquilla	55 g
azúcar moreno	2 cucharadas

Precaliente el horno a 160 °C.

Vierta la crema de leche, el coco rallado y el jengibre en un cazo. Caliente la mezcla suavemente, sin dejar de remover, hasta que esté por
debajo del punto de ebullición. Cuélela sobre un cuenco y deseche el
coco y el jengibre.

Bata las yemas y el azúcar blanquilla en un cuenco refractario hasta
que la mezcla blanquee y espese. Necesitará unos 5 minutos con
una batidora eléctrica. Vaya incorporando gradualmente la crema de
leche caliente sin dejar de batir. Introduzca el cuenco en un cazo con
agua sin que llegue a hervir, y asegúrese de que el cuenco no esté
en contacto con el agua. Mezcle la preparación de este modo unos
10 minutos, o hasta que se haya espesado ligeramente y recubra el
dorso de una cuchara.

Coloque 4 moldes refractarios de 125 ml de capacidad en una fuente
para asar y distribuya la mezcla anterior. Vierta agua caliente en la
fuente hasta alcanzar tres cuartas partes de la altura de los moldes.
Hornee de 20-25 minutos, o hasta que la crema cuaje. Retire cuidadosamente los moldes del agua y déjelos enfriar a temperatura ambiente. Tape y conserve en el frigorífico durante 3 horas.

Precaliente el grill del horno a temperatura alta. Coloque los moldes
en una fuente para asar y rodéelos con cubitos de hielo. Espolvoree
la superficie de los moldes con el azúcar moreno. Colóquelos bajo
el grill caliente hasta que el azúcar se caramelice. Como alternativa,
para caramelizar el azúcar, también puede usar un soplete de cocina.

Vaya batiendo la crema caliente
sobre la mezcla de yemas.

La crema debe tener la espesura
adecuada.

granizado de pomelo rosa .... para 4–6 personas

LOS GRANIZADOS PUEDEN PREPARARSE CON CUALQUIER CÍTRICO. AUNQUE EL LIMÓN CONSTITUYE UNA ELECCIÓN CLÁSICA, EL POMELO Y LA LIMA TAMBIÉN PUEDEN EMPLEARSE CON ÉXITO. ÁCIDO Y SUAVE AL MISMO TIEMPO, ESTA VERSIÓN CON POMELO ROSA SE DESHACE LITERALMENTE EN LA BOCA. PARA ESTA RECETA NECESITARÁ TRES POMELOS.

azúcar	110 g
zumo de pomelo rosa recién exprimido	350 ml
vino moscatel	150 ml

Ponga el azúcar y 125 ml de agua en un cazo pequeño y lleve a ebullición. Baje el fuego y cueza a fuego lento de 3-4 minutos. Retire del fuego y deje enfriar.

Mezcle el zumo de pomelo, el vino moscatel y el almíbar frío en una cubitera y deje enfriar en el congelador 2 horas, o hasta que la mezcla comience a solidificarse alrededor de los extremos. Rompa la mezcla con un tenedor, introdúzcala de nuevo en el congelador y repita el proceso cada 30 minutos, hasta que el granizado esté congelado y haya adquirido una textura helada.

El pomelo ha llegado a la escena culinaria hace relativamente poco tiempo. Fue introducido desde las Bahamas a América del Norte a principios del siglo XIX. En la actualidad, se encuentra disponible con o sin pepitas y en un amplio abanico de colores, desde el amarillo al rosa o al rojo rubí. El pomelo amarillo original está indicado para desayunar, y cuando se toma fresco con un poco de azúcar constituye un buen inicio del día. Las variedades rosadas son, generalmente, más dulces. El pomelo combina con el queso, las peras y algunos frutos secos y con él se preparan buenas confituras. También resulta delicioso en ensaladas de pollo y gambas, ensaladas de frutas, sorbetes y granizados. Elija pomelos de gran peso y con una piel sin máculas.

tartaletas de *filo* con *pannacotta* y almíbar de rosas y pistachos . . . . para 6 personas

ESTA RECETA PARECE COMPLICADA; NO OBSTANTE, UNA VEZ HAYA PREPARADO LA *PAÑNACOTTA* Y LA HAYA REFRIGERADO, EL RESTO ES MUY FÁCIL. UTILICE SÓLO LA CANTIDAD DE AGUA DE ROSAS INDICADA, YA QUE, AL RESULTAR MUY FUERTE, EL ALMÍBAR SERÍA DEMASIADO DULCE.

pannacota

gelatina en láminas	1 de 6 g o 1 ½ cucharaditas de gelatina en polvo
crema de leche espesa	500 ml
yogur natural	250 g
azúcar blanquilla	150 g
vaina de vainilla	1

tartaletas de *filo*

pasta filo	4 láminas
mantequilla	40 g
azúcar blanquilla	2 cucharadas

almíbar de rosas

azúcar blanquilla	115 g
canela en rama	1
agua de rosas	½ cucharadita
colorante alimentario rosa	1 gota, opcional
pistachos tostados	2 cucharadas, picados

Para preparar la *pannacotta*, remoje la hoja de gelatina en agua fría durante 5 minutos, o hasta que se ablande, o ponga 2 cucharadas de agua en un cuenco pequeño, espolvoree por encima la gelatina en polvo y reserve 2 minutos para que adquiera volumen. Vierta la crema de leche, el yogur y el azúcar en un cazo. Corte la vaina de vainilla por la mitad a lo largo y raspe las semillas sobre el cazo. Guarde la vaina. Mezcle a fuego lento hasta que el azúcar se haya disuelto. Escurra la lámina de gelatina para retirar el exceso de agua, o vierta la gelatina en polvo en el cazo y remueva hasta que se haya disuelto. Vierta la mezcla en 6 moldes de 125 ml. Introduzca en el frigorífico 5 horas o hasta que cuaje.

Mientras, precaliente el horno a 190 °C. Pincele ligeramente una lámina de pasta *filo* con la mantequilla derretida, espolvoree un tercio del azúcar por encima, cubra con otra lámina de pasta y presione ligeramente para adherirlas. Repita este proceso hasta utilizar las 4 láminas de pasta. Con la ayuda de un cuchillo afilado, corte 6 cuadrados de 12 cm de lado. Forre los agujeros de una placa para *muffins* o bizcochos individuales con un cuadrado de la pasta, ponga encima un trozo de papel sulfurizado, rellene con legumbres secas o arroz crudo y hornee 2 minutos. Retire el papel y las legumbres y hornee otros 2-3 minutos, o hasta que la pasta esté ligeramente dorada. Deje enfriar los fondos de tartaleta sobre una rejilla.

Para preparar el almíbar de rosa, vierta 160 ml de agua, el azúcar y la canela en rama en un cazo pequeño. Remueva a fuego lento hasta que el azúcar se haya disuelto. Suba el fuego y cueza de 2-4 minutos o hasta que la mezcla esté ligeramente almibarada. Añada el agua de rosas y el colorante, en caso de emplearlo. Retire del fuego y deje enfriar. Extraiga la canela.

Pase un cuchillo espátula alrededor de la *pannacotta* y desmóldela cuidadosamente sobre las tartaletas de pasta *filo*. Vierta el almíbar de rosas y esparza los pistachos.

Utilice una placa con agujeros grandes.

Deje cocer la preparación de rosas hasta que esté almibarada.

kulfi de cardamomo... para 8 personas

ESTE SENCILLO Y ELEGANTE HELADO PROCEDENTE DE LA INDIA. SE PREPARA HIRVIENDO LECHE HASTA QUE SE REDUCE Y CONDENSA. LUEGO, SE AROMATIZA CON PISTACHOS, CARDAMOMO Y AGUA DE ROSAS. PARA DESMOLDAR EL *KULFI*, SUMERJA BREVEMENTE LOS MOLDES EN AGUA MUY CALIENTE Y VUÉLQUELOS SOBRE LOS PLATOS DE POSTRE.

pistachos	40 g
leche	1,5 l
cápsulas de cardamomo	21
azúcar blanquilla	115 g
cáscara de lima	½ cucharadita finamente rallada

Precaliente el grill a temperatura media. Extienda los pistachos sobre una placa de hornear y póngalos bajo el grill unos 3 minutos o hasta que queden aromáticos y ligeramente tostados. Resérvelos, déjelos enfriar ligeramente y píquelos a grandes trozos.

Vierta la leche y 9 cápsulas de cardamomo en una cacerola de fondo grueso. Lleve a ebullición, y asegúrese de que la leche no se derrama. Baje el fuego y cueza de 15-20 minutos, o hasta que el líquido se haya reducido a un tercio. Cuele la mezcla sobre un recipiente apto para congelar. Añada el azúcar y remueva hasta que se haya disuelto. Mezcle con la mitad de los pistachos picados y la cáscara de lima rallada. Conserve en el frigorífico durante 30 minutos. Guarde el resto de los pistachos en un recipiente hermético.

Introduzca el *kulfi* en el congelador hasta que esté casi firme; remuévalo cada 30 minutos. Puede necesitar de 3 a 6 horas, dependiendo de su congelador. Enjuague ocho moldes cilíndricos de 170 ml de capacidad con agua helada y escurra el exceso de agua. Introduzca el *kulfi* en los moldes y consérvelos en el congelador hasta que esté firme por completo.

Saque los moldes del congelador 5 minutos antes de servir. Desmolde los *kulfi* sobre los platos y esparza por encima los pistachos que había reservado. Aplaste el resto de las cápsulas de cardamomo para que las semillas se desprendan. Espolvoree algunas semillas sobre el *kulfi* y las cápsulas en el plato.

Cuele la leche para retirar las cápsulas de cardamomo.

Añada la mitad de los pistachos picados y la cáscara de lima rallada.

Una vez el *kulfi* esté casi firme, introdúzcalo en los moldes.

rollitos de tortilla con plátano y piña

LOS BUÑUELOS DE PLÁTANO SE PREPARAN, GENERALMENTE, CON UNA MASA PARA FREÍR, SE FRÍEN Y SE SIRVEN MUY CALIENTES CON HELADO O CREMA DE COCO. EN ESTA VERSIÓN, EL PROCESO ES MÁS FÁCIL GRACIAS A LAS TORTILLAS Y AL GRATINADO DE LOS ROLLITOS. LA PIÑA APORTA SU SABOR DULCE, JUGOSO Y CARAMELIZADO.

piña fresca	4 rodajas finas
tortillas de trigo blancas	4 grandes
plátanos	2
mantequilla	40 g
azúcar moreno	2 cucharadas
azúcar lustre	para espolvorear

yogur de coco

yogur griego	125 g
azúcar moreno	2 cucharadas
coco rallado	2 cucharadas
cáscara de limón	2 cucharaditas, finamente rallada
zumo de limón	1 cucharadita

Precaliente el grill a temperatura alta. Corte en tres trozos las rodajas de piña y retire el corazón fibroso. Ase la piña bajo el grill 8 minutos por cada lado, o hasta que empiece a dorarse. Retírela y déjela enfriar.

Para preparar el yogur de coco, vierta el yogur, el azúcar moreno, el coco rallado, la cáscara y el zumo de limón en un cuenco pequeño y mezcle bien. Conserve en el frigorífico hasta el momento de servir.

Corte las tortillas en tres tiras de unos 5 cm de ancho. Pele los plátanos y córtelos por la mitad a lo largo y, posteriormente, en trozos un poco más largos que las tiras de tortilla. Pase los trozos de piña por la mantequilla derretida y espolvoréelos con el azúcar moreno. Coloque un trozo de piña en el centro de cada tira de tortilla y cubra con un trozo de plátano. Enrolle la tortilla en torno al plátano y colóquelas una tras otra en una placa para hornear, con la parte de la unión hacia abajo. Pincele las tortillas con el resto de la mantequilla derretida.

Precaliente el grill a temperatura alta; ponga debajo las tortillas y cuézalas de 8-10 minutos, o hasta que estén doradas. Déles la vuelta y cuézalas hasta que estén doradas. Espolvoréelas con azúcar lustre y sírvalas acompañadas con el yogur de coco.

Corte las tortillas en tres tiras del mismo tamaño.

Coloque la piña y el plátano en el centro de las tiras de tortilla.

Enrolle cuidadosamente las tortillas para ocultar el relleno.

mousse de chocolate blanco con tejas de almendra

.... para 6 personas

PROBAR UNA NUEVA RECETA PUEDE SER MUY GRATIFICANTE. EN OCASIONES, NOS PROPONEMOS DESAFÍOS CULINARIOS CUANDO NO DEBEMOS, ES DECIR, CUANDO TENEMOS INVITADOS A CENAR. ESTE POSTRE ES UNA PERFECTA ELECCIÓN, YA QUE NO SÓLO TIENE UN ASPECTO FANTÁSTICO, SINO QUE TAMBIÉN PUEDE PREPARARSE CON ANTELACIÓN.

yemas de huevo	6, a temperatura ambiente
azúcar blanquilla	55 g
leche	375 ml
chips de chocolate blanco	225 g
coñac	80 ml
gelatina en polvo	2 cucharaditas
crema de leche espesa	455 ml

tejas de almendra

glucosa líquida	1 cucharada
mantequilla	30 g
azúcar blanquilla	1 ½ cucharadas
harina	2 cucharadas
almendras blanqueadas	30 g

Bata las yemas y el azúcar blanquilla en un cuenco hasta que estén espumosas y blanqueen. Necesitará unos 5 minutos con una batidora eléctrica. Vierta la leche en un cazo y caliéntela por debajo del punto de ebullición. Mientras todavía esté caliente, viértala sobre los huevos, mezcle y vierta de nuevo la mezcla en el cazo. Cueza a fuego lento, sin dejar de remover, durante unos 2 minutos, o hasta que la mezcla esté lo suficientemente espesa para recubrir el dorso de una cuchara. No deje que hierva o se cortará.

Cuele la mezcla sobre un cuenco, incorpore los chips de chocolate blanco y remueva hasta que el chocolate se haya fundido. Mezcle con el coñac. Ponga 1 ½ cucharadas de agua en un cuenco pequeño y espolvoree por encima la gelatina. Deje que la gelatina adquiera volumen. Añada la gelatina a la mezcla de chocolate y remueva; deje reposar como mínimo 1 hora.

Bata la crema de leche hasta que se formen picos blandos. Incorpore una cucharada grande de crema batida a la mezcla de chocolate, y, posteriormente, añada el resto. Reparta la mezcla en seis vasos de cristal de 185 ml y conserve en el frigorífico hasta que cuaje.

Para preparar las tejas de almendra, precaliente el horno a 180 °C. Forre una placa de hornear con papel sulfurizado. Ponga la glucosa, la mantequilla y el azúcar en un cazo y cueza a fuego lento y sin dejar de remover hasta que se disuelvan. Suba el fuego y lleve a ebullición. Retire rápidamente el cazo del fuego y mezcle su contenido con la harina y las almendras.

Con la mitad de la mezcla, reparta cucharaditas de la preparación sobre la placa; deje espacio entre ellas. Hornee de 4-5 minutos, o hasta que las tejas estén doradas. Déjelas enfriar de 15-20 segundos, y, posteriormente, con la ayuda de una espátula y trabajando con rapidez, despegue las pastas y colóquelas sobre un rodillo o el mango de una cuchara de madera. Se endurecerán rápidamente formando una curva. Repita la operación con el resto de la mezcla. Guarde las tejas en un recipiente hermético hasta el momento de servirlas.

Sirva la *mousse* acompañada de las tejas de almendra.

budín de arroz, coco y lima

NO ES NINGUNA CASUALIDAD QUE LIMAS Y COCOS SE CULTIVEN EN PARTES SIMILARES DEL MUNDO; SU SABOR SE COMPLEMENTA PERFECTAMENTE. LA ACIDEZ DE LA LIMA IMPLICA QUE SE USE A MENUDO PARA REALZAR SABORES. AQUÍ ATENÚA EL OPULENTO SABOR DE LA CREMA DE COCO.

leche	200 ml
crema de coco	800 ml
lima	1, la cáscara finamente rallada
zumo de lima	60 ml
hojas de lima *kaffir*	3, por la mitad
arroz de grano redondo	140 g
azúcar de palma	100 g, rallado, o 100 g de azúcar moreno blando
coco rallado tostado	para decoración, opcional

Vierta la leche, la crema de coco, la cáscara, el zumo y las hojas de lima en una cacerola y lleve a ebullición. Añada el arroz y mezcle bien. Baje el fuego y cueza, removiendo de vez en cuando, de 25-30 minutos, o hasta que el arroz esté tierno.

Retire el recipiente del fuego, añada el azúcar de palma y remueva hasta que se haya disuelto y la mezcla esté cremosa.

Retire las hojas de lima y distribuya el arroz en cuatro vasos o en moldes refractarios de 250 ml de capacidad. Sirva frío o caliente y decorado con coco rallado tostado, si lo desea.

El cocotero y su fruto son apreciados desde hace muchos siglos. Ofrece desde material para construir tejados y tejer, hasta una bebida nutritiva y refrescante que puede servirse en el mismo fruto. Cuando el coco no está completamente maduro, su carne es blanda y de consistencia gelatinosa y el agua es dulce y abundante. A medida que el coco va madurando, la carne se va endureciendo y la cantidad de agua disminuye. Esta agua es diferente de la leche y la crema de coco, que se obtienen poniendo en remojo en agua hirviendo la carne de coco rallada y extrayendo el líquido resultante. Otros productos son la copra, que es la carne de coco seca; el aceite de coco, que se obtiene de la carne seca; el coco rallado y el licor de coco.

tres formas de preparar guarniciones

EXISTEN MUCHAS MÁS GUARNICIONES QUE TIRAS DE CHOCOLATE Y CEREZAS CONFITADAS. NO ES NECESARIO QUE SEAN DIFÍCILES DE PREPARAR, TAL Y COMO DEMUESTRAN LOS SIGUIENTES EJEMPLOS. AL PREPARAR PRALINÉ, TENGA CUIDADO DE QUE EL AZÚCAR NO ADQUIERA UN COLOR CARAMELO DEMASIADO OSCURO; TENGA PREPARADO UN CUENCO CON AGUA HELADA PARA SUMERGIR EL CAZO Y DETENER LA COCCIÓN. EL PRALINÉ Y LAS NUECES CARAMELIZADAS PUEDEN PREPARARSE CON ANTELACIÓN Y GUARDARSE EN UN RECIPIENTE HERMÉTICO; ES PREFERIBLE PREPARAR LAS TEJAS DE COCO EL MISMO DÍA QUE SE VA A SERVIR.

praliné de avellanas y vainilla

Pique a grandes trozos 70 g de avellanas tostadas peladas y extiéndalas sobre una placa forrada con papel sulfurizado. Vierta 225 g de azúcar blanquilla y 125 ml de agua en un cazo pequeño. Corte una vaina de vainilla por la mitad a lo largo y raspe las semillas sobre el cazo. Deseche la vaina. Cueza a fuego lento, sin dejar de remover, hasta que el azúcar se haya disuelto. Lleve a ebullición y, sin remover, cueza durante 5 minutos, o hasta que la mezcla adquiera un color dorado oscuro. Vierta la mezcla sobre las avellanas y deje reposar 15 minutos. Rompa el praliné con las manos o píquelo en el robot. Espolvoréelo sobre un helado o mézclelo con crema batida. La cantidad es suficiente para unos 225 g.

nueces caramelizadas

Precaliente el horno a 180 °C. Mezcle 100 g de nueces tostadas partidas por la mitad, 2 cucharadas de azúcar moreno y 2 cucharadas de jarabe de maíz o miel en un cuenco. Extienda la mezcla sobre una placa de hornear forrada con papel sulfurizado y hornee durante 5 minutos. Retire del horno y mezcle bien. Vuelva a introducir la mezcla en el horno y hornee otros 5 minutos. Deje enfriar las nueces en la placa, y retírelas a continuación con una espátula. Utilícelas para una masa de bizcocho y para decorar pasteles y tartas, o mézclelas con helado de vainilla no demasiado congelado e introduzca en el congelador hasta que esté firme. La cantidad es suficiente para 200 g.

tejas de coco

Precaliente el horno a 180 °C. Mezcle 50 g de azúcar blanquilla, 30 g de coco seco rallado y 2 cucharaditas de harina en un cuenco. Añada 1 huevo ligeramente batido y 10 g de mantequilla derretida y mezcle. Deje caer $1/2$ cucharadita de la mezcla sobre una placa de hornear forrada con papel sulfurizado. Con la ayuda del dorso de una cucharilla mojada, extienda la mezcla en una capa muy fina, de manera que forme un círculo de 10 cm de diámetro; deje un espacio de 5 cm entre cada teja. Repita esta operación con el resto de la masa. Hornee 5 minutos, o hasta que las tejas estén doradas. Déjelas enfriar sobre las placas. Estas tejas resultan excelentes como guarnición de budines fríos y helados. La cantidad es suficiente para 20 raciones.

praliné de avellanas y vainilla

tarta de coco, mango
y almendras . . . . para 6–8 personas

SI DISPONE DE UN MANGO EXCELENTE, ES DIFÍCIL QUE SE RESISTA A LA TENTACIÓN DE COMÉRSELO Y PREPARAR UN POSTRE. SIN EMBARGO, LA MEZCLA DE MANGO Y ALMENDRAS EN UNA PASTA MANTECOSA ES UNA COMBINACIÓN CLÁSICA QUE VALE LA PENA PROBAR. LA PASTA DE ALMENDRAS DEBE ENFRIARSE BIEN ANTES DE EMPLEARSE.

pasta

harina	210 g
azúcar blanquilla	60 g
almendras molidas	25 g
mantequilla	150 g
yemas de huevo	2, a temperatura ambiente
agua helada	1-2 cucharadas

relleno

mantequilla	185 g, a punto de pomada
azúcar blanquilla	185 g
huevos	2, a temperatura ambiente
almendras molidas	70 g
harina	60 g
coco seco rallado	90 g
crema de coco	2 cucharadas
licor de coco	1 cucharada
mango	1
copos de coco	30 g
helado de vainilla o crema batida	para acompañar

Para preparar la pasta, vierta la harina, el azúcar, las almendras molidas y la mantequilla en el robot. Póngalo en marcha y amase hasta que la mezcla adquiera la textura de unas migas finas. Añada las yemas de huevo y trabaje de nuevo hasta que la mezcla resulte homogénea. Incorpore el agua poco a poco, 1/2 cucharadita cada vez, hasta que la masa forme una bola. Aplaste la bola y forme un rectángulo, cúbralo con película de plástico y conserve en el frigorífico 30 minutos.

Precaliente el horno a 190 °C. Unte con mantequilla un molde de base desmontable de 19 x 27 cm.

Para preparar el relleno, bata la mantequilla con el azúcar con la ayuda de una batidora eléctrica durante unos 3 minutos. Añada los huevos de uno en uno y bata bien tras cada adición. Incorpore las almendras molidas, la harina y el coco seco. Mezcle ligeramente con la crema y el licor de coco.

Extienda la pasta con un rodillo y cubra con ella el fondo y las paredes del molde; recorte la masa que sobresalga de las paredes. Forre el fondo de tarta con papel sulfurizado y ponga encima unas legumbres secas. Hornee a ciegas 10 minutos. Transcurrido este tiempo, retire el papel y las legumbres y hornee otros 5 minutos. Baje la temperatura del horno a 170 °C.

Corte el mango por ambas caras, pélelo y corte cada mitad en láminas de 3 mm de grosor. Extienda el relleno sobre el fondo de tarta y distribuya las laminas de mango formando dos hileras. Esparza los copos de coco por encima y presione ligeramente el relleno con los dedos para obtener una superficie irregular. Hornee 30 minutos o hasta que el coco empiece a dorarse. Entonces, cubra con papel de aluminio. Hornee otros 35 minutos o hasta que el relleno haya cuajado y la superficie esté dorada. Sirva caliente con helado de vainilla o frío con crema batida.

Distribuya las láminas de mango en dos filas sobre la masa.

Esparza los copos de coco por encima.

budines de jengibre y pomelo con crema de *mascarpone* ...... para 6 personas

ESTOS BUDINES RESULTAN IDEALES PARA LA PRIMAVERA, ÉPOCA EN LA QUE LAS PREPARACIONES PESADAS O DEMASIA-DO CONSISTENTES PARECEN FUERA DE LUGAR. TIENEN UN SABOR LIMPIO Y LIGERO GRACIAS AL JENGIBRE Y AL POMELO ROSA, HERMANADOS CON UNA MASA CÁLIDA Y ESPONJOSA. SI ESTA OPCIÓN LE PARECE DEMASIADO LIGHT, SIEMPRE PUEDE ACOMPAÑAR CON UNA BUENA CREMA DE *MASCARPONE*.

pomelo rosa	1 grande
jengibre en almíbar	40 g, escurrido, más 3 cucharadas de almíbar
jarabe de arce o miel	1 ½ cucharadas
mantequilla	125 g, a punto de pomada
azúcar blanquilla	115 g
huevos	2, a temperatura ambiente
harina con levadura	185 g
jengibre molido	1 cucharadita
leche	80 ml

crema de *mascarpone*

queso *mascarpone*	125 g
crema de leche espesa	125 ml
azúcar lustre	1 cucharada, tamizado

Precaliente el horno a 170 ºC. Unte con mantequilla 6 moldes para budín de 170 ml, o unos moldes refractarios.

Ralle muy finas 2 cucharaditas de cáscara de pomelo rosa y reserve. Corte el pomelo en rodajas hasta un tercio de su altura. Pele el trozo grande de pomelo, retire la membrana blanca y corte la carne en 6 rodajas de 1 cm de grosor. Exprima 3 cucharadas de zumo del resto del pomelo. Pique muy fino el jengibre en almíbar.

Mezcle el zumo de pomelo, el almíbar de jengibre y el jarabe de arce o la miel en un cuenco pequeño. Reparta la mezcla en los moldes y cúbralos con una rodaja de pomelo, que habrá recortado previamente para que encaje.

Introduzca la mantequilla y el azúcar en un cuenco y bata con la batidora eléctrica hasta que la mezcla blanquee. Incorpore los huevos de uno en uno. Mezcle con la harina y el jengibre molido y previamente tamizados; añada la cáscara de pomelo, el jengibre picado y la leche, y mezcle muy bien. Distribuya la mezcla entre los moldes.

Cubra los moldes con papel de aluminio y póngalos en una fuente refractaria honda. Vierta en el molde la cantidad de agua hirviendo suficiente para alcanzar la mitad de la altura de los moldes de budín. Tape con papel de aluminio y selle bien los bordes. Hornee los budines de 30-35 minutos o hasta que hayan cuajado.

Para preparar la crema de *mascarpone*, mezcle, en un cuenco pequeño, el queso con la crema de leche y el azúcar lustre.

Para servir, desmolde los budines en los platos de servicio y acompañe con la crema de *mascarpone*.

El almíbar de pomelo proporciona a los budines una superficie jugosa.

Recorte el pomelo para que encaje en los moldes.

syllabub de limoncello .... para 6 personas

ESTE ELEGANTE POSTRE TIENE SU ORIGEN EN LA CAMPIÑA INGLESA DEL SIGLO XVII, AUNQUE LA ADICIÓN DEL LIMONCE-
LLO LE APORTA UN TOQUE DEL SUR DE ITALIA. NO OMITA LAS TEJAS DE ALMENDRA, YA QUE PROPORCIONAN UN CON-
TRASTE CRUJIENTE A LA TEXTURA LIGERA Y CREMOSA DEL *SYLLABUB*.

limoncello	125 ml
azúcar blanquilla	115 g
cáscara de limón	1 cucharadita, finamente rallada
zumo de limón	60 ml
vaina de vainilla	1
crema de leche espesa	250 ml
tejas de almendra	para acompañar (*véase* pág. 23)

Vierta el limoncello en un cuenco no metálico con el azúcar, y la cáscara y el zumo de limón. Corte la vaina de vainilla por la mitad y raspe
las semillas sobre el cuenco; retire la vaina. Mezcle el contenido del
cuenco y deje reposar 2 horas; remueva de vez en cuando para que
el azúcar se disuelva.

Bata la crema de leche con la batidora eléctrica hasta que esté bien
montada. Añada con cuidado la mezcla de limoncello, de dos en dos
cucharadas. Distribuya el *syllabub* en 6 copas de cristal y conserve en el frigorífico 5 horas. Sírvalo acompañado de las tejas de almendra.

Este licor dulce y, a la vez, amargo
es popular desde hace siglos.
Procede del sur de Italia y puede
prepararse en casa sin gran
dificultad, tan sólo con limones,
aguardiente, azúcar y agua. Para
sus devotos, el mejor es el que se
prepara en las casas de Capri y en
la costa italiana de Amalfi. Se dice
que los limones de esta zona son
inmejorables por su sabor y aroma,
quizás debido a la combinación de
sol, mar, verano y encanto italiano,
que los hace diferentes del resto de
limones. El limoncello siempre se
bebe frío y es un digestivo
excelente. También se sirve sobre
helados o ensaladas de frutas.

budín de lima y *ricotta* . . . . para 4 personas

ESTE REFRESCANTE BUDÍN NO PUEDE SER MÁS FÁCIL DE PREPARAR. EXCEPTO LA LIMA Y LA *RICOTTA* FRESCA, PROBA-BLEMENTE TENDRÁ A MANO EL RESTO DE LOS INGREDIENTES. LA CALIDAD DE LA *RICOTTA* ES IMPORTANTE. EN ESTE SEN-TIDO, DEBE PODERSE DESMENUZAR, SER JUGOSA, TENER UN SABOR FRESCO Y NO RESULTAR INSÍPIDA.

mantequilla	60 g, a punto de pomada
azúcar blanquilla	350 g
cáscara de lima	2 cucharaditas, finamente rallada
huevos	3, a temperatura ambiente
ricotta fresca de calidad	375 g
harina con levadura incorporada	30 g
zumo de lima	60 ml
azúcar lustre	2 cucharaditas

Precaliente el horno a 180 °C y unte con mantequilla una fuente refractaria de 1,5 l de capacidad.

Con la ayuda de la batidora eléctrica, bata durante 30 segundos la mantequilla y el azúcar blanquilla con la mitad de la cáscara de lima hasta que se hayan mezclado bien. Vaya incorporando gradualmente la *ricotta* y la harina, alternándolas, y bata hasta que la mezcla adquiera una textura espesa y homogénea. Mézclela con el zumo de lima.

Bata las claras de huevo hasta que se formen picos blandos y vaya incorporando la mezcla de *ricotta* en dos tandas. Vierta la mezcla en la fuente e introdúzcala en una fuente para asar. Vierta dentro de la fuente el agua caliente suficiente para alcanzar la mitad de la altura del budín. Hornee durante 1 hora.

Tamice el azúcar lustre sobre el budín caliente y espolvoree con el resto de la cáscara de lima. Sirva caliente.

Vaya incorporando una cucharada de *ricotta* y una de harina.

Asegúrese de que la mezcla está espesa y homogénea.

No aplaste la mezcla para que se conserve la esponjosidad.

pastel de *mascarpone* con salsa de chocolate blanco . . . . para 8 personas

ESTE INDULGENTE POSTRE CONSTITUYE UNA VARIANTE DEL PASTEL DE QUESO CLÁSICO. LLEVA CREMA DE LECHE, *MASCARPONE* Y CHOCOLATE A LA MIEL PARA OBTENER UN RESULTADO CIERTAMENTE CREMOSO; ADEMÁS, ESTÁ RECUBIERTO DE UNA DELICIOSA SALSA DE CHOCOLATE BLANCO.

galletas integrales	100 g
mantequilla	70 g, derretida
hoja de gelatina	1 de 6 g (o 1 ½ cucharaditas de gelatina en polvo)
crema de leche espesa	300 ml
huevos	2, a temperatura ambiente, separadas las claras de las yemas
queso *mascarpone*	225 g
azúcar blanquilla	80 g
extracto de vainilla natural	1 cucharadita
barrita de chocolate con miel	50 g, picada

salsa de chocolate blanco

chocolate blanco de calidad	125 g
crema de leche espesa	80 ml

Unte ligeramente con mantequilla la base de un molde desmontable de 20 cm de diámetro.

Introduzca las galletas en el robot, póngalo en marcha y pique hasta que adquieran una textura semejante a unas migas finas. Ponga la mantequilla derretida en un cuenco pequeño, añada las migas de galleta y mezcle bien. Presione la mezcla en la base del molde. Conserve en el frigorífico 15 minutos.

Remoje la gelatina en agua fría 5 minutos o hasta que adquiera una textura blanda, o ponga 2 cucharadas de agua en un cuenco pequeño, espolvoree por encima la levadura en polvo y deje reposar 2 minutos para que aumente su volumen. Mientras, caliente la crema de leche en un cazo pequeño hasta que esté por debajo del punto de ebullición. Retire del fuego. Escurra la hoja de gelatina para retirar el exceso de agua. Incorpore la gelatina escurrida o la gelatina en polvo remojada en el cazo y remueva hasta que la gelatina se haya desleído. Deje enfriar.

Bata las yemas, el *mascarpone*, 50 g del azúcar y la vainilla en un cuenco pequeño con la batidora eléctrica hasta que la mezcla quede fina. Incorpore el chocolate picado. Añada la mezcla de crema y mezcle bien.

Bata las claras con el resto del azúcar hasta que se formen picos duros. Incorpórelas a la mezcla de *mascarpone* con una cuchara de metal, luego vierta en la base del molde y conserve en el frigorífico toda la noche.

Para preparar la salsa de chocolate blanco, introduzca el chocolate blanco y la crema en un cuenco pequeño refractario y colóquelo sobre un cazo pequeño con agua sin llegar a hervir a borbotones y asegúrese de que la base del molde no toca el agua. Mezcle hasta que el chocolate se haya fundido y la mezcla esté cremosa, retire del fuego y deje enfriar ligeramente.

Para servir, corte el pastel de queso en porciones y vierta por encima la salsa de chocolate blanco.

Mezcle suavemente las claras con una cuchara de metal.

Funda el chocolate suavemente para que no se queme.

el helado perfecto

Es difícil superar la opulenta cremosidad de un helado de vainilla. El mejor sabor se obtiene al infusionar una crema de huevo con una vaina de vainilla, mientras que la textura perfecta se consigue batiendo la mezcla para romper los cristales de hielo mientras se está congelando. Las heladeras hacen el trabajo por usted, aunque el método tradicional también proporciona buenos resultados.

Bata 5 yemas de huevo y 125 g de azúcar blanquilla con las varillas de la batidora eléctrica durante 3 minutos, o hasta que la mezcla esté pálida y esponjosa. Vierta 300 ml de crema de leche espesa y la misma cantidad de leche en una cacerola de fondo grueso. Frótese las palmas de las manos con 2 vainas de vainilla durante 10 segundos, ábralas por la mitad y añádalas al recipiente. Ponga la mezcla a fuego medio por debajo del punto de ebullición y retírela del fuego. Bata un poco de esta preparación con la de huevo. Retire las vainas de vainilla y reserve. Vierta el resto de la mezcla de crema sobre la de huevo, sin dejar de remover. Pase la mezcla a un recipiente limpio. Cueza a fuego medio-bajo, sin dejar de remover, con una cuchara de madera, hasta que la crema se espese lo suficiente para cubrir el dorso de una cuchara. No deje que hierva, ya que se cortaría. Cuele la mezcla sobre un recipiente metálico poco profundo. Raspe las vainas de vainilla por encima y mézclelas con la crema. Deje enfriar y conserve en el frigorífico hasta que esté bien fría.

Si utiliza una heladera, vierta dentro la crema y siga las instrucciones del fabricante. Introduzca la crema en el congelador. Cuando los extremos empiecen a solidificarse, bátala vigorosamente, introdúzcala de nuevo en el congelador y permita que se solidifique ligeramente. Bata de nuevo e introdúzcala otra vez en el congelador. Cuando la crema acabe de solidificarse, bátala otra vez. Repita la operación una vez más, o hasta que la crema adquiera una textura homogénea y no tenga cristales. Consérvela en el congelador toda la noche. Utilícela al cabo de 3 días. La cantidad es suficiente para 4 raciones.

tarta de limón . . . . para 6–8 personas

SE TRATA, QUIZÁS, DE LA RECETA CLÁSICA PRIMAVERAL. SÍRVALA A CUALQUIER HORA DEL DÍA O PARA FINALIZAR UN AL-
MUERZO O CENA, O INCLUSO EN EL DESAYUNO O LA MERIENDA. EL RELLENO ES FÁCIL DE PREPARAR, POR LO QUE PUE-
DE CONCENTRARSE EN PERFECCIONAR SU TÉCNICA PARA ELABORAR LA PASTA.

pasta

harina	185 g
azúcar lustre	60 g
almendras molidas	35 g
mantequilla	125 g, fría y en dados
yema de huevo	1, a temperatura ambiente

relleno

cáscara de limón	1 ½ cucharadas, finamente rallada
zumo de limón	80 ml
huevos	5, a temperatura ambiente
azúcar blanquilla	175 g
crema de leche espesa	300 ml
azúcar lustre	para espolvorear
crema de leche espesa	para servir

Para preparar la pasta, vierta la harina, el azúcar lustre, las almendras molidas y la mantequilla en un robot y amase hasta que la mezcla adquiera la textura de unas migas finas. Añada la yema y accione el aparato hasta que la masa se cohesione. Amase brevemente sobre la superficie de trabajo espolvoreada con harina hasta que la pasta adquiera una textura homogénea. Déle forma de bola, aplástela formando un disco, envuélvala con película de plástico e introdúzcala en el frigorífico durante 30 minutos.

Precaliente el horno a 180 ºC y unte con mantequilla una tartera de 22 cm de diámetro y fondo desmontable. Extienda la pasta entre dos láminas de papel sulfurizado, dándole 3 mm de grosor, para cubrir el fondo y las paredes del molde. Retire el papel superior, invierta cuidadosamente la pasta en el molde y retire la segunda lámina de papel; asegúrese de que la pasta cubra el borde del molde. Retire el exceso de pasta e introduzca en el frigorífico 10 minutos.

Forre el fondo de pasta con papel sulfurizado arrugado y vierta encima unas legumbres o arroz crudo. Coloque el molde sobre una placa y hornee 10 minutos. Retire el papel y las legumbres e introduzca de nuevo en el horno otros 10-15 minutos, o hasta que el fondo esté ligeramente dorado. Reserve hasta que se enfríe. Baje la temperatura del horno a 140 ºC.

Para preparar el relleno, ponga la cáscara y el zumo de limón, los huevos, el azúcar y la crema en un cuenco y bata bien. Reserve 10 minutos para que la cáscara de limón aromatice la mezcla y, posteriormente, cuélela. Vierta con cuidado el relleno en el fondo de tarta y hornee de 45-50 minutos, o hasta que haya cuajado. Deje enfriar durante 10 minutos e introduzca en el frigorífico.

Espolvoree la tarta con azúcar lustre y acompáñela con crema batida.

Utilice el papel sulfurizado para introducir la pasta en el molde.

Al añadir legumbres secas se evita que la pasta forme burbujas.

semifrío de chocolate y almendras . . . . para 6 personas

UN SEMIFRÍO ES UN POSTRE A BASE DE HELADO FRÍO O PARCIALMENTE CONGELADO. ES MÁS FÁCIL DE PREPARAR QUE UN HELADO, YA QUE NO ES NECESARIO BATIR LA MEZCLA HELADA. ES PREFERIBLE CONSUMIR EL SEMIFRÍO EN UN PLAZO DE 4 A 5 DÍAS.

azúcar blanquilla	80 g
almendras	80 g
crema de leche espesa	600 ml
huevos	2, a temperatura ambiente
azúcar lustre	125 g
cacao en polvo	50 g, tamizado
licor de crema como, por ejemplo, Baileys	2 cucharadas
almendras fileteadas tostadas	para acompañar

Extienda una lámina de papel sulfurizado sobre una superficie plana que pueda calentarse. Ponga el azúcar y 1 cucharadita de agua fría en un cazo de fondo grueso. Caliente a fuego medio hasta que el azúcar empiece a caramelizarse y a cambiar de color. No remueva, pero mueva lentamente el cazo para ligar los ingredientes. Cuando el azúcar se haya caramelizado y dorado, tras 6-8 minutos, retire el cazo del fuego, añada las almendras y mueva el cazo para recubrirlas con el caramelo. Vierta enseguida la mezcla sobre el papel formando una capa fina y deje solidificar unos 20 minutos. Rompa en grandes trozos el caramelo con las manos y píquelo en el robot eléctrico hasta que adquiera una consistencia no demasiado fina.

Vierta 200 ml de la crema en un cazo pequeño y caliéntela de 3-4 minutos por debajo del punto de ebullición. Bata las yemas y la mitad del azúcar lustre en un cuenco grande hasta que la mezcla blanquee. Incorpore el cacao sin dejar de batir. Añada la crema caliente y bata hasta conseguir una mezcla homogénea.

Bata el resto de la crema. Haga lo mismo con las claras a punto de nieve en un cuenco limpio y añada el resto del azúcar lustre, sin dejar de batir, hasta que estén espesas y brillantes. Con la ayuda de una cuchara de metal, añada la crema a la crema de chocolate, y, a continuación, la mezcla de claras. Espolvoree con la mitad de la mezcla de caramelo de almendras y mezcle bien; luego repita la operación con el resto del caramelo de almendras y añada, por último, el licor.

Forre 6 moldes metálicos de 250 ml de capacidad con dos tiras finas de papel de aluminio para usarlas como asas para desmoldar el semifrío. Reparta la mezcla de chocolate en los moldes. Tape y conserve en el congelador 24 horas como mínimo.

Para servir, pase los moldes al frigorífico 5 minutos antes y utilice las tiras de aluminio para ayudarse a desmoldar el semifrío. Cúbralo con las almendras fileteadas y sirva rápidamente.

No remueva el caramelo, tan sólo gire el cazo.

Trabaje rápidamente, ya que el caramelo se solidifica.

pastel de limón, higos y nueces con yogur a la miel

.... para 8–10 personas

ESTE DELICIOSO PASTEL SE PREPARA CON DIVERSOS INGREDIENTES CLÁSICOS DE LA COCINA MEDITERRÁNEA, COMO HIGOS, NUECES, LIMÓN, TRIGO Y ACEITE DE OLIVA. EL ÚNICO ELEMENTO QUE FALTA ES EL VINO, QUE PUEDE INTRODUCIRSE FÁCILMENTE MEDIANTE UNA COPA DE ALGUNA BEBIDA APROPIADA.

azúcar blanquilla	115 g
sémola fina	310 g
almendras molidas	150 g
levadura en polvo	3 cucharaditas
bicarbonato sódico	½ cucharadita
limón	1, zumo y cáscara rallada
aceite de oliva	125 ml
huevos	2, a temperatura ambiente
yogur griego	185 ml
leche	125 ml
nueces picadas	60 g
higos frescos o secos	7, picados, más 4 en rodajas

yogur a la miel

yogur griego	250 g
miel	90 g
extracto de vainilla natural	2 cucharaditas

Precaliente el horno a 180 ºC y unte con mantequilla y forre un molde cuadrado de 23 cm de lado.

Mezcle el azúcar, la sémola, las almendras molidas, la levadura en polvo y el bicarbonato sódico en un cuenco grande. Mezcle, en otro recipiente, la cáscara y el zumo de limón, el aceite de oliva, los huevos, el yogur y la leche e incorpore esta preparación a la de sémola. Mezcle con las nueces y los higos picados. Vierta la preparación en el molde, alise la superficie y decore con el resto de los higos en rodajas. Hornee 40 minutos o hasta que, al insertar una broqueta en el pastel, salga limpia.

Mientras, prepare el yogur a la miel. Mezcle el yogur, la miel y la vainilla en un cuenco. Reserve en el frigorífico hasta el momento de utilizarlo.

Sirva el pastel caliente acompañado del yogur a la miel.

La nuez, un fruto seco venerable, ya era cultivada por los antiguos griegos. Existen numerosas variedades, aunque la más común es la nuez cultivada por los antiguos persas. Cuando son jóvenes, las nueces verdes pueden comerse enteras (sin embargo, tienen un sabor ácido) o encurtidas. La nuez madura tiene una cáscara dura y el fruto está separado en dos mitades, con una membrana incomestible que las cubre. Las nueces se usan tanto en platos dulces como salados, molidas o prensadas, para que desprendan sus aceites. Las nueces se pueden conservar enteras hasta tres meses en un lugar fresco y seco, y las peladas en el frigorífico hasta seis meses.

lionesas con *mascarpone* al café y salsa de de chocolate negro

PARA CONSEGUIR UNA BUENA PASTA *CHOUX*, DEBE SEGUIR AL PIE DE LA LETRA LAS INSTRUCCIONES. AUNQUE NO ES DIFÍCIL DE PREPARAR, LA PASTA *CHOUX* ES MARAVILLOSAMENTE LIGERA Y PERFECTA PARA RELLENAR CON DIFERENTES INGREDIENTES. LAS LIONESAS DEBEN DEGUSTARSE UNA VEZ RELLENAS, YA QUE LA PASTA PODRÍA HUMEDECERSE.

harina	125 g
mantequilla	70 g
sal	½ cucharadita
huevos	4, a temperatura ambiente

relleno

café instantáneo soluble	2 cucharadas
agua hirviendo	1 cucharada
queso *mascarpone*	225 g
azúcar lustre	2 cucharadas

salsa de chocolate negro

chocolate negro de calidad	100 g, picado
mantequilla	20 g
crema de leche espesa	80 ml

Precaliente el horno a 200 °C y unte ligeramente con mantequilla dos placas para hornear.

Tamice la harina sobre un trozo grande de papel sulfurizado. Ponga la mantequilla, la sal y 250 ml de agua en un cazo y lleve a ebullición; remueva de vez en cuando. Sirviéndose del papel como embudo, vierta la harina rápidamente sobre la mezcla hirviendo. Baje el fuego y bata vigorosamente con una cuchara de madera hasta que la mezcla se separe de las paredes y forme una bola homogénea.

Introduzca la mezcla en un cuenco y déjela enfriar hasta que se entibie. Con la ayuda de la batidora eléctrica, vaya incorporando los huevos de uno en uno hasta que la mezcla adquiera una textura espesa y brillante.

Con la ayuda de dos cucharas, forme 16 bolas redondas con la mezcla, de unos 3 cm de diámetro, y sepárelas unos 3 cm al colocarlas sobre las placas. Hornee 20 minutos, o hasta que las lionesas aumenten su tamaño. Reduzca la temperatura del horno a 180 °C y hornee otros 10 minutos o hasta que las lionesas estén doradas y crujientes.

Abra cuidadosamente las lionesas con un cuchillo afilado para que el vapor pueda salir. Introdúzcalas de nuevo en el horno 10 minutos o hasta que el interior esté seco. Déjelas enfriar a temperatura ambiente.

Para preparar el relleno, disuelva el café instantáneo en el agua hirviendo y déjelo enfriar. Bata el café, el *mascarpone* y el azúcar lustre hasta que se hayan incorporado todos los ingredientes. Intente no batir demasiado la mezcla para que el *mascarpone* no quede aguado.

Para preparar la salsa de chocolate negro, ponga el chocolate, la mantequilla y la crema en un cuenco pequeño refractario dispuesto sobre un cuenco con agua sin que llegue a hervir y asegúrese de que la base del cuenco no toca el agua. Mezcle hasta que todo esté bien ligado. Deje enfriar ligeramente.

Antes de servir, corte las lionesas por la mitad y rellénelas. Cubra con la salsa de chocolate, o sírvala por separado.

tronco de crema de mantequilla . . . . para 6–8 personas

EN ESTE SENCILLO Y DELICIOSO POSTRE, LA CRUJIENTE PASTA *FILO* ALBERGA UNA SEDOSA CREMA AROMATIZADA CON VAINILLA Y NARANJA. NO TEMA LA DELICADA APARIENCIA DE LA PASTA *FILO*, YA QUE ES SORPRENDENTEMENTE RESISTENTE. AL TRABAJARLA, MANTENGA LAS LÁMINAS DE PASTA CUBIERTAS CON UN PAÑO LIMPIO Y HÚMEDO PARA PODER MANIPULARLAS.

leche	750 ml
maicena	50 g
vaina de vainilla	1
yemas de huevo	6, a temperatura ambiente
azúcar blanquilla	150 g
cáscara de naranja	2 ½ cucharadas, finamente rallada
pasta *filo*	8 láminas
mantequilla	40 g, derretida
azúcar lustre	para espolvorear

Mezcle 60 ml de leche con la maicena. Ponga el resto de la leche en un cazo a fuego medio. Corte la vainilla por la mitad a lo largo y raspe las semillas sobre el recipiente; retire la vaina. Añada la pasta de maicena, las yemas de huevo, el azúcar y la cáscara de naranja y bata hasta mezclar los ingredientes. Hierva 4 minutos, sin dejar de remover, o hasta que la crema esté bien espesa. Retírela del fuego y cubra la superficie con una película de plástico. Déjela enfriar.

Precaliente el horno a 180 ºC. Forre una placa de hornear con papel sulfurizado.

Pincele una lámina de pasta *filo* con la mantequilla derretida y luego repita la operación con dos láminas más de pasta. Repita con el resto de la pasta para obtener dos rectángulos. Distribuya la mitad de la crema sobre el lado más alargado de un rectángulo, dejando un borde de 9 cm. Levante cuidadosamente sobre el relleno los extremos más cortos de la pasta y enróllela, ocultando hacia abajo los bordes a medida que la va enrollando. Repita la operación con el resto de la pasta y la crema para obtener un segundo rollo.

Coloque los rollos de pasta sobre una placa y pincele con la mantequilla derretida. Hornee 20 minutos, o hasta que estén dorados. No los cueza en exceso o la crema se deshará. Deje enfriar 10 minutos. Espolvoree con abundante azúcar lustre justo antes de servir.

Mezcle la crema hasta que esté muy espesa, y luego déjela enfriar.

Asegúrese de que queda un borde alrededor de la crema.

Vaya ocultando los bordes a medida que enrolla la pasta.

helado de piña...para 4–6 personas

SI UTILIZA PIÑA FRESCA, 1,5 KG LE PROPORCIONARÁN 250 ML DE ZUMO. PIQUE Y REDUZCA A PURÉ LA CARNE EN EL ROBOT Y CUELE LA PREPARACIÓN. PUEDE SERVIR EL HELADO EN LA PIÑA VACIADA Y CON UNA SOMBRILLITA DE PAPEL, SI LO DESEA.

azúcar blanquilla	115 g
zumo de piña fresco	250 ml
zumo de limón	60 ml
clara de huevo	1, a temperatura ambiente

Mezcle, en un cazo, el azúcar con 250 ml de agua. Remueva a fuego lento hasta que el azúcar se haya disuelto. Prosiga la cocción 10 minutos a fuego lento y deje enfriar.

Añada los zumos de piña y limón al almíbar de azúcar y mezcle bien. Vierta en un molde de 19 x 30 cm y congele 1 ½ horas, o hasta que la mezcla se solidifique.

Una vez solidificada, bata la clara hasta que esté firme. Pase la mezcla de piña a un cuenco y bátala con la batidora eléctrica hasta que adquiera una textura homogénea. Incorpore la clara batida e introduzca de nuevo en el molde. Tape con película de plástico y conserve en el congelador hasta que esté cuajada.

Como alternativa, puede verter la preparación en una heladera eléctrica y batirla siguiendo las instrucciones hasta que esté cuajada. Incorpore la clara batida, vierta en el molde y conserve en el congelador.

La piña, una fruta originaria de la América del Sur tropical, está constituida, de hecho, por varias frutas: cada una de ellas es el resultado de numerosas flores no fertilizadas y unidas. Para la mayoría de nosotros, se trata de una fruta dulce y jugosa, emblemática de los climas cálidos. Al igual que muchas frutas, es preferible consumirla fresca, pero también se usa en platos como helados, sorbetes, pasteles e incluso como ingrediente de algunas pizzas. Las piñas no maduran bien una vez recolectadas, por lo que debe elegirlas cuidadosamente. Elija piñas que parezcan pesar más de lo que les corresponde y que sean muy aromáticas.

tronco de avellanas .... para 6–8 personas

ESTE FRESCO Y CRUJIENTE MERENGUE NO ES TAN DULCE COMO OTROS GRACIAS A LAS AVELLANAS, QUE COMBINAN PERFECTAMENTE CON EL RELLENO DE CAFÉ Y *MASCARPONE*.

merengue

avellanas tostadas	70 g
claras de huevo	4, a temperatura ambiente
azúcar blanquilla	150 g
maicena	1 cucharadita
extracto de vainilla natural	1 cucharadita
vinagre de vino blanco	1 cucharadita

relleno

café instantáneo soluble	2 cucharaditas
agua caliente	2 cucharaditas
queso *mascarpone*	225 g
azúcar lustre	2 cucharadas, tamizado

Para preparar el merengue, precaliente el horno a 150 °C. Dibuje un rectángulo de 20 x 35 cm en una hoja de papel sulfurizado. Ponga la hoja, con el dibujo hacia abajo, sobre una placa de hornear.

Introduzca las avellanas en el robot o picadora y píquelas ligeramente.

Bata las claras en un cuenco grande hasta que formen picos blandos. Vaya añadiendo el azúcar, 1 cucharada cada vez, y bata hasta que estén bien firmes y brillantes. Incorpore con cuidado las avellanas y, posteriormente, la maicena, la vainilla y el vinagre. Extienda la mezcla sobre la placa sin sobrepasar el rectángulo dibujado. Hornee 25 minutos, o hasta que el merengue haya cuajado y esté ligeramente dorado.

Extienda una hoja grande de papel sulfurizado sobre la superficie de trabajo y ponga encima el merengue. Quite el papel sulfurizado de la superficie y deje enfriar 15 minutos.

Para preparar el relleno, disuelva el café en el agua caliente. Ponga el café, el *mascarpone* y el azúcar lustre en un cuenco y mezcle bien.

Extienda el relleno sobre el merengue. Empiece en un extremo corto y, utilizando el papel como guía, enróllelo. La superficie exterior se cuarteará. Sirva enseguida, cortado en porciones.

Añada las avellanas a las claras.

Extienda la mezcla con un cuchillo paleta.

Extienda el relleno hasta recubrir todo el merengue.

verano

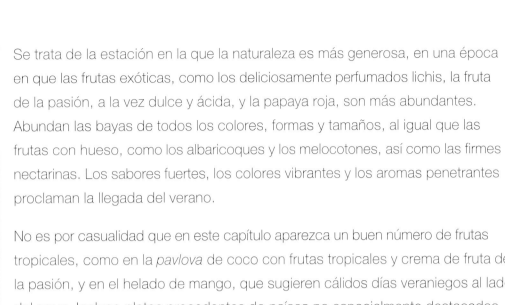

Se trata de la estación en la que la naturaleza es más generosa, en una época en que las frutas exóticas, como los deliciosamente perfumados lichis, la fruta de la pasión, a la vez dulce y ácida, y la papaya roja, son más abundantes. Abundan las bayas de todos los colores, formas y tamaños, al igual que las frutas con hueso, como los albaricoques y los melocotones, así como las firmes nectarinas. Los sabores fuertes, los colores vibrantes y los aromas penetrantes proclaman la llegada del verano.

No es por casualidad que en este capítulo aparezca un buen número de frutas tropicales, como en la *pavlova* de coco con frutas tropicales y crema de fruta de la pasión, y en el helado de mango, que sugieren cálidos días veraniegos al lado del agua. Incluso platos procedentes de países no especialmente destacados por un largo verano hacen su aparición, como el postre inglés denominado el desastre de eton, con un toque tropical gracias a la adición de papaya roja y fruta de la pasión. Lo más maravilloso de cocinar con frutas estriba en su versatilidad, ya que pueden transformar lo familiar en algo especial, por ejemplo, al emplear melocotones caramelizados y fruta de la pasión en una tarta; también proporcionan colorido, así como un carácter más saludable a recetas contundentes como el brazo de gitano de chocolate blanco y bayas. Asimismo, pueden convertirse en magníficos postres por sí solas, como en el caso de los melocotones escalfados a la vainilla con puré de frambuesas y salsa de fruta de la pasión.

Sin embargo, quizás en la categoría de los helados y sorbetes, las frutas adquieren mayor importancia. Este capítulo incluye diversas recetas soberbias con melocotones, mangos, lichis y fresas, combinados con especias aromáticas como la vainilla y el anís estrellado y aguas fragantes como la de rosas. El resultado es maravilloso y el sabor divino. Una heladera eléctrica es muy útil para estos postres, aunque no es esencial; además, los sorbetes también pueden prepararse en un robot.

Finalmente, y puesto que el verano no es la época más adecuada para cocinar, se han incluido diversas recetas rápidas que no necesitan más de diez minutos de preparación. Los pastelillos de queso individuales con fresas maceradas son irresistiblemente buenos; además, la dulce y blanda fruta contrasta con el sabor suave y cremoso del queso. También se ofrecen instrucciones para preparar unas crepes perfectas, susceptibles de rellenarse con frutas frescas, o para elaborar un helado casero. Sígalas y podrá disfrutar de un verano sensacional.

pastelillos de queso individuales
con fresas maceradas

..........................para 12 unidades

SIRVA ESTOS PASTELILLOS AL FINALIZAR LA COMIDA SI DESEA QUE LE FELICITEN. SON SABROSOS, CREMOSOS Y ATERCIOPELADOS Y NO PRECISAN HORNEADO, TAN SÓLO CONSERVARSE EN EL FRIGORÍFICO TODA LA NOCHE. LA VENTAJA ESTRIBA EN QUE TODO EL TRABAJO SE HA REALIZADO CON ANTELACIÓN.

migas de bizcocho	100 g
almendras tostadas fileteadas	90 g, ligeramente picadas
chocolate blanco	90 g, picado y fundido
mantequilla	60 g, derretida

relleno

gelatina en polvo	2 cucharaditas
queso en crema	250 g
azúcar blanquilla	90 g
cáscara de naranja	1 cucharadita, finamente rallada
zumo de naranja	2 cucharadas
crema de leche espesa	125 ml
clara de huevo	1, a temperatura ambiente

fresas maceradas

fresas	500 g
azúcar blanquilla	1 cucharada
cáscara de naranja	¼ cucharadita, finamente rallada
zumo de naranja	2 cucharadas

Unte ligeramente con mantequilla una placa estándar de 12 agujeros para magdalenas o bizcochitos. Forre cada hueco con dos tiras largas de papel sulfurizado con forma de cruz para poder retirar los pastelillos.

Introduzca las migas, las almendras, el chocolate blanco y la mantequilla en un cuenco y mezcle hasta que se forme una masa homogénea; añada más mantequilla si la mezcla quedara demasiado seca. Reparta la mezcla entre los agujeros de la placa y, con la ayuda de los dedos, presiónela contra las bases y sobre las paredes y nivele bien con el dorso de una cuchara. Conserve en el frigorífico mientras prepara el relleno.

Para preparar el relleno, ponga en un cuenco pequeño 1 cucharada de agua y espolvoree por encima la gelatina. Deje que la gelatina adquiera volumen.

Bata el queso en crema, el azúcar y la cáscara de naranja en un cuenco pequeño con una batidora eléctrica hasta que la mezcla adquiera una textura ligera y cremosa. Incorpore el zumo de naranja y bata hasta que se haya mezclado bien. Mezcle con la preparación de gelatina.

Bata la crema de leche hasta que forme picos blandos. En otro cuenco limpio, bata la clara con la ayuda de una batidora hasta que cree picos blandos. Vaya incorporando la crema de leche y la clara montada a la mezcla de queso en crema. Reparta la preparación en los moldes y conserve en el frigorífico unas cuantas horas o toda la noche hasta que haya cuajado.

Para preparar las fresas maceradas, córtelas en trozos pequeños. Mezcle las fresas con el azúcar, la cáscara y el zumo de naranja y conserve en el frigorífico unas cuantas horas.

Para servir, retire cuidadosamente los pastelillos de los moldes y cubra con una cucharada de fresas.

Nivele la mezcla de bizcocho con el dorso de una cuchara.

Deje macerar las fresas durante unas cuantas horas.

desastre de eton tropical .... para 4 personas

ESTE POSTRE NO TIENE NINGUNA PRETENSIÓN DE SOFISTICACIÓN, LO QUE SIGNIFICA QUE AGRADARÁ A TODOS. LA FRUTA PUEDE VARIARSE DE ACUERDO CON LA ESTACIÓN, AUNQUE DEBE ELEGIRLA FIRME Y SABROSA SI NO DESEA QUE EL POSTRE RESULTE UN AUTÉNTICO DESASTRE. SI UTILIZA OTRA FRUTA, SELECCIONE LICORES ADECUADOS.

merengues

clara de huevo	1, a temperatura ambiente
azúcar blanquilla	55 g
maicena	¼ cucharadita
fresas	125 g, en láminas gruesas
papaya roja pequeña	½, sin semillas, pelada y en dados
azúcar blanquilla	1 cucharada
licor de frambuesas o de naranja, como, por ejemplo, Grand Marnier	1 cucharada, opcional
crema de leche espesa	170 ml
yogur griego	175 g

Para preparar los merengues, precaliente el horno a 130 °C y forre una placa de hornear con papel sulfurizado.

Bata la clara hasta que forme picos blandos. Añada 1 cucharada del azúcar blanquilla y bata 3 minutos o hasta que esté brillante. Añada otra cucharada de azúcar y bata otros 3 minutos. Incorpore el resto del azúcar y la maicena y bata 2 minutos.

Ponga 4 cucharadas colmadas de la mezcla de merengue sobre la placa. Hornee 30 minutos o hasta que los merengues estén firmes en el exterior. Apague el horno y deje los merengues dentro hasta que se enfríe. Desmenuce los merengues en grandes trozos.

Mezcle las fresas, la papaya y la mitad de la fruta de la pasión en un cuenco. Incorpore el azúcar y el licor, si lo emplea. Reserve 5 minutos o hasta que vaya a montar el postre.

Justo antes de servir, bata la crema de leche en un cuenco hasta que esté espesa. Mézclela con el yogur. Añada la fruta de una sola vez y remueva ligeramente. Vierta la mitad de la mezcla en 4 copas de cristal altas. Cubra con el merengue desmenuzado y luego con el resto de la fruta. Adorne con el resto de la pulpa de la fruta de la pasión y sirva rápidamente.

Utilice dos cucharas para colocar el merengue sobre la placa.

Mezcle la fruta con el azúcar y el licor.

Mezcle ligeramente la crema, el yogur y la fruta.

clafoutis de cerezas .... para 8 personas

POCAS FRUTAS POSEEN EL BRILLANTE COLORIDO DE LAS CEREZAS QUE APARECEN EN NUESTROS MERCADOS EN PRIMA-
VERA Y PRINCIPIOS DE VERANO. AUNQUE ES LA MEJOR ÉPOCA PARA PREPARARLAS, EN OTROS MOMENTOS PUEDE UTILI-
ZAR UN FRASCO DE 680 G DE CEREZAS O GUINDAS DESHUESADAS.

cerezas	500 g, deshuesadas
harina	60 g
azúcar blanquilla	90 g
huevos	2, a temperatura ambiente, ligeramente batidos
leche	200 ml
extracto de vainilla natural	1 cucharadita
mantequilla	20 g, derretida
azúcar lustre	para espolvorear

Precaliente el horno a 210 ºC y unte ligeramente con mantequilla un molde refractario redondo de 1,5 l de capacidad.

Extienda las cerezas sobre la base del molde.

Ponga la harina, el azúcar blanquilla y una pizca de sal en un cuenco y mézclelos. Añada los huevos y bata hasta que todo esté bien mez-clado. Incorpore la leche, la vainilla y la mantequilla; vierta sobre la mezcla de huevos y bata hasta que adquiera una textura homogénea.

Vierta la preparación sobre las cerezas y hornee 40 minutos, o hasta que el *clafoutis* esté dorado. Deje enfriar 10 minutos como mínimo, y sirva caliente o frío, espolvoreado con azúcar lustre.

La cereza, roja y brillante, ha sido celebrada por artistas, poetas, jardineros y cocineros a lo largo de los siglos. Está emparentada con la ciruela, el melocotón y el albaricoque. De ella existen centenares de variedades, que se clasifican como dulces, ácidas o híbridas. Las cerezas dulces y las híbridas pueden consumirse crudas o cocidas, mientras que las ácidas se reservan para cocinar, por ejemplo, en empanadas y confituras. Cuando adquiera cerezas, observe los tallos, que deben ser blandos y poderse doblar con facilidad; no deben ser marrones ni quebradizos. Las cerezas dulces pueden conservarse en el frigorífico hasta una semana y las ácidas diversas semanas. Las cerezas se emplean para preparar el kirsch y el licor de maraschino.

pastel de arándanos .... para 8-10 personas

ESTE PASTEL ES RÁPIDO Y FÁCIL DE PREPARAR Y, EXCEPTO UNOS POCOS INGREDIENTES FRESCOS, TENDRÁ SEGURAMENTE EL RESTO EN SU DESPENSA. SU TEXTURA ES, A LA VEZ, FIRME Y DESMENUZABLE Y LA COBERTURA DULCE. LOS ARÁNDANOS COMBINAN CON LAS ALMENDRAS, AUNQUE AQUÍ SE HAN EMPLEADO PACANAS PARA OBTENER UN MAGNÍFICO EFECTO.

harina	125 g
harina integral	110 g
azúcar blanquilla	225 g
levadura en polvo	2 ½ cucharaditas
canela molida	½ cucharadita
arándanos negros	150 g
huevo	1, a temperatura ambiente
leche	185 ml
aceite	80 ml
extracto de vainilla natural	1 cucharadita
limón	1, cáscara finamente rallada
crema de leche espesa	para acompañar

cobertura

pacanas	60 g, picadas
azúcar moreno blando	55 g
harina	30 g
arándanos	150 g
aceite	2 cucharadas

Precaliente el horno a 190 °C y unte con mantequilla un molde de fondo desmontable de 20 cm de diámetro.

Tamice las harinas, el azúcar, la levadura en polvo y la canela sobre un cuenco grande. Introduzca en el cuenco los residuos depositados en el tamiz. Mezcle los arándanos con el contenido del cuenco.

Bata el huevo, la leche, el aceite, la vainilla y la cáscara de limón. Añada los ingredientes secos y mezcle bien. Vierta la mezcla en el molde.

Para preparar la cobertura, mezcle, en un cuenco, las pacanas, el azúcar moreno, la harina y los arándanos y reparta sobre la superficie del pastel. Vierta por encima el aceite de oliva.

Hornee de 50-55 minutos, o hasta que, al insertar una broqueta en el pastel, salga limpia. Sirva caliente acompañado de crema batida.

 Mezcle los arándanos con los ingredientes secos.

 Mezcle la preparación de huevo con los ingredientes secos.

 Reparta la cobertura sobre el pastel.

helado de mango . . . . para 8–10 personas

A DIFERENCIA DE MUCHOS HELADOS QUE SE SIRVEN COMO ACOMPAÑAMIENTO, ÉSTE TIENE UN PAPEL ESTELAR. EL FRESCOR DORADO DEL MANGO CONTRASTA CON LAS CAPAS CREMOSAS QUE LO RODEAN. SIRVA EL HELADO CON ALMENDRADOS U OTRAS PASTAS CRUJIENTES.

crema de leche espesa	500 ml
leche	250 ml
vaina de vainilla	1, partida a lo largo
yemas de huevo	6, a temperatura ambiente
azúcar blanquilla	115 g
mangos	2 grandes, carne reducida a puré

Vierta la crema de leche y la leche en un cazo, raspe las semillas de la vaina de vainilla y añada la vaina. Caliente a fuego medio, pero no deje hervir. Retire el cazo del fuego y extraiga la vaina.

Con la ayuda de la batidora eléctrica de varillas, bata, en un cuenco grande, las yemas y el azúcar blanquilla hasta que la mezcla blanquee y se espese. Vierta poco a poco la mezcla de crema caliente sobre la de huevo, sin dejar de batir. Pase la crema a un cazo limpio y cuézala a fuego lento de 5-6 minutos, o hasta que esté lo suficientemente espesa para recubrir el dorso de una cuchara. Resérvela en el frigorífico hasta que esté completamente fría.

Vierta la crema en una heladera y bátala siguiendo las instrucciones del fabricante. También puede vertir la crema en un cuenco metálico, reservarla en el congelador de 2-2 ½ horas, o hasta que se cuaje en los bordes, pero el interior siga estando blando, y batirla con la batidora eléctrica 3 minutos, o hasta que esté homogénea. Vierta la mitad de la mezcla en un molde para *cake* de 8 x 19 cm forrado con película de plástico. Conserve en el frigorífico el resto de la mezcla hasta el momento de utilizarla. Reparta cuidadosamente el puré de mango sobre la mezcla del molde y reserve en el congelador 1 hora. Cubra con el resto de la mezcla de helado y conserve en el congelador toda la noche.

Para servir, sumerja la base del molde en agua caliente 5 segundos, luego desmolde sobre una fuente de servicio y corte el helado en porciones.

Para cortar un mango, divida las mitades en cuadrados.

Reparta el puré de mango sobre la primera capa del helado.

Añada la capa superior de helado e introduzca en el congelador 1 hora.

melocotones escalfados a la vainilla con puré de frambuesas y salsa de fruta de la pasión..... para 4 personas

ESTE DELICIOSO POSTRE RESULTA PERFECTO PARA AGASAJAR A LOS INVITADOS: ES SENCILLO Y RÁPIDO, REPLETO DE SABOR Y COLOR Y UTILIZA LOS MEJORES PRODUCTOS DE LA ESTACIÓN. NECESITARÁ UNAS TRES PIEZAS DE FRUTA DE LA PASIÓN PARA ELABORAR ESTA RECETA.

azúcar blanquilla	350 g
vaina de vainilla	1, cortada por la mitad a lo largo
melocotones	4
frambuesas frescas o bien congeladas y descongeladas	100 g
helado de vainilla	4 bolas pequeñas

salsa de fruta de la pasión

pulpa de fruta de la pasión	60 ml
azúcar blanquilla	2 cucharadas

Ponga el azúcar, la vaina de vainilla y 625 ml de agua en una cacerola. Remueva a fuego lento hasta que el azúcar se haya disuelto. Lleve lentamente a ebullición, añada los melocotones y cueza 5 minutos a fuego lento, o hasta que estén tiernos. Déjelos enfriar en el almíbar y luego retírelos con una espumadera. Pélelos y córtelos por la mitad, a la vez que los deshuesa.

Introduzca las frambuesas en el robot y redúzcalas a puré. Páselas por un tamiz fino y deseche la pulpa.

Para preparar la salsa de fruta de la pasión, mezcle la pulpa con el azúcar y remueva hasta que éste se haya disuelto.

Para servir, distribuya el puré de frambuesas en 4 vasos. Coloque una bola de helado y dos mitades de melocotón encima. Reparta la salsa de fruta de la pasión y sirva rápidamente.

El melocotón, una fruta fragante y jugosa, es reconocible por su color rosado o amarillento. Su interior puede ser blanco o amarillo y su carne prieta o blanda. Los melocotones no se conservan demasiado tiempo, por lo que es preferible que sólo compre los que vaya a consumir, aunque también puede cocerlos tras tres o cuatro días. No adquiera melocotones blandos ni con máculas, ya que tendrían un sabor harinoso y su consistencia resultaría desagradable. Además de poder disfrutar de su suculenta carne, los melocotones son excelentes para escalfar en vino o en almíbar, así como para emplearse en tartas, sorbetes y salsas.

torta merengada de albaricoque................................para 8–10 personas

LOS ALBARICOQUES COMBINAN PERFECTAMENTE CON SABORES TANTO DULCES COMO SALADOS, AUNQUE SU BREVE DU-
RACIÓN IMPLICA UN ESCASO USO EN LA COCINA. ES TODA UNA PENA, TAL Y COMO MUESTRA ESTE POSTRE. SI UTILIZA AL-
BARICOQUES FRESCOS, ASEGÚRESE DE QUE ESTÉN MADUROS, FIRMES Y DULCES; DE LO CONTRARIO, EMPLÉELOS EN LATA.

azúcar blanquilla	375 g
canela en rama	1 trozo
extracto de vainilla natural	2 cucharaditas
albaricoques	450 g, a cuartos y deshuesados
claras de huevo	6, a temperatura ambiente
vinagre de vino blanco	1 ½ cucharaditas
avellanas molidas	35 g
crema de leche espesa	300 ml
azúcar lustre	para espolvorear

Mezcle 375 ml de agua, 125 g de azúcar, la canela en rama y 1 cucharadita de vainilla en una cacerola. Remueva a fuego lento hasta
que el azúcar se disuelva; suba el fuego y cueza 15 minutos por debajo del punto de ebullición. Añada los albaricoques cortados a cuartos y cueza a fuego lento otros 40 minutos o hasta que los albaricoques estén blandos y la mezcla haya espesado. Deje enfriar.

Precaliente el horno a 150 ºC y dibuje un círculo de 22 cm de diámetro en dos hojas de papel sulfurizado. Ponga las hojas sobre dos placas de hornear con el lado dibujado hacia abajo.

Bata, en un cuenco, las claras hasta que formen picos duros. Añada, poco a poco, el resto del azúcar y continúe batiendo hasta que la
mezcla adquiera una textura espesa y brillante. Incorpore, sin dejar de
batir, el vinagre y el resto de la vainilla. Añada con cuidado las avellanas molidas.

Reparta la mezcla de merengue entre los dos círculos y alise la superficie. Hornee de 35-40 minutos o hasta que los merengues estén firmes y secos. Apague el horno y deje enfriar completamente los merengues.

Elimine el papel sulfurizado de los discos de merengue y coloque uno
sobre una fuente de servicio. Bata la crema de leche hasta que esté
firme. Retire la canela del almíbar y escurra los albaricoques. Mezcle
suavemente los albaricoques con la crema batida y extienda la mezcla sobre el merengue. Coloque encima el segundo disco de merengue y espolvoree con azúcar lustre.

Cueza los albaricoques a fuego lento
hasta que estén blandos.

Mezcle con cuidado los
albaricoques con la crema.

sorbete de mango y anís estrellado
con barquillos de miel y macadamia . . . . para 6 personas

UTILICE LOS BARQUILLOS DE MIEL Y MACADAMIA A MODO DE CUCHARA PARA REBAÑAR ESTE SORBETE VERANIEGO, DELI-
CIOSAMENTE PERFUMADO, Y QUE CONTRASTA A LA PERFECCIÓN CON LA TEXTURA CRUJIENTE DE LOS BARQUILLOS. EL
ANÍS ESTRELLADO APORTA AL SORBETE UN SUTIL SABOR ANISADO.

azúcar blanquilla	185 g
anís estrellado	2
zumo de limón	1 cucharada
mangos	3, carne picada para obtener 500 g
clara de huevo	1, a temperatura ambiente

barquillos de miel y macadamia

clara de huevo	1, a temperatura ambiente
azúcar blanquilla	60 g
miel	2 cucharadas
harina	2 cucharadas, tamizada
mantequilla	40 g, derretida y fría
nueces de macadamia	100 g, picadas

Mezcle, en un cazo, el azúcar con 300 ml de agua y el anís estrellado. Remueva a fuego medio hasta que el azúcar se haya disuelto. Lleve a ebullición, baje el fuego y cueza 1 minuto a fuego lento. Deje enfriar a temperatura ambiente y mezcle con el zumo de limón.

Introduzca el mango en un robot y redúzcalo a puré hasta que adquiera una textura homogénea; páselo a un recipiente metálico poco profundo, tape y reserve en el congelador. Cuando el sorbete se haya solidificado en sus tres cuartas partes, introdúzcalo en el robot, aña-da la clara y bata hasta que todo esté ligado. Pase el sorbete de nue-vo al recipiente y conserve en el congelador hasta utilizarlo.

Para preparar los barquillos de miel y macadamia, precaliente el hor-no a 200 ºC. Forre dos placas cuadradas para hornear, de 30 cm de lado, con papel sulfurizado. Vierta la clara en un cuenco y bátala con la batidora eléctrica de varillas hasta que se formen picos blan-dos. Vaya añadiendo el azúcar y continúe batiendo hasta que se di-suelva. Incorpore la miel en la mezcla y, posteriormente, la harina y la mantequilla. Extienda la mezcla muy fina sobre las placas y esparza por encima, de forma uniforme, las nueces de macadamia. Hornee de 7-10 minutos, o hasta que esté ligeramente dorado. Deje enfriar en las placas y luego rompa en trozos. Conserve en un recipiente hermético, ya que los barquillos se humedecen si se dejan reposar. Sirva bolas de sorbete de mango acompañadas de trozos grandes de barquillos de macadamia a la miel.

Cuele el almíbar de anís estrellado
sobre el puré de mango.

Esparza las nueces de macadamia
formando una capa homogénea.

tres formas de preparar las frambuesas

RICAS EN SABOR Y COLOR, LAS FRAMBUESAS NO COMBINAN BIEN CON OTRAS FRUTAS, DE MANERA QUE RESULTAN MÁS SABROSAS CON INGREDIENTES COMO LA CREMA, EL CHOCOLATE Y EL CHAMPÁN. LAS FRAMBUESAS FRESCAS SON DELI-CADAS, POR LO QUE DEBEN MANIPULARSE LO MÍNIMO POSIBLE. SE CONGELAN BIEN, DE MODO QUE SI DESEA ALEGRAR UN POCO UN DÍA INVERNAL, PREPARE EL BUDÍN DE ARROZ CON FRAMBUESAS CONGELADAS, QUE REALZARÁN EL SABOR CREMOSO DEL CHOCOLATE BLANCO.

trifle de frambuesas y naranja

Mezcle 500 ml de crema comercial de calidad con 250 g de queso *mascarpone*, 120 g de puré de frambuesas, 40 g de azúcar lustre y 60 g de merengues preparados y ligeramente desmenuzados. Coloque 250 g de rodajas de bizcocho de naranja en el fondo de un cuenco grande de cristal o 6 copas de postre. Vierta 60 ml de licor de naranja, como, por ejemplo, Cointreau, y esparza 125 g de frambuesas y 40 g de merengue desmenuzado. Conserve en el frigorífico hasta el momento de servir. Espolvoree con azúcar lustre, si lo desea. La cantidad es suficiente para 6 raciones.

gelatina de frambuesa, hierba limón y cava rosado

Ponga 400 g de frambuesas, 225 g de azúcar blanquilla, 2 tallos de hierba limón machacados, 60 ml de zumo de limón y 375 ml de cava ro-sado en una cacerola. Lleve a ebullición a fuego lento y hierva 1 minuto; deje reposar 30 minutos. Cuele la mezcla sirviéndose de un colador forrado con una muselina y dispuesto sobre un cuenco y deseche la pulpa. Vierta el líquido en un recipiente limpio, y caliente por debajo del punto de ebullición. Incorpore, sin dejar de batir, 4 $\frac{1}{2}$ cucharaditas de gelatina en polvo hasta que se disuelva, o remoje 2 hojas de gelatina en agua, escurra el exceso de agua y mézclelas con el líquido hasta que la gelatina se haya desleído. Deje enfriar. Mezcle el líquido con otros 375 ml de cava rosado. Reparta 100 g de frambuesas en 6 copas de cava. Vierta un poco del almíbar en cada vaso para que las frambuesas cuajen y conserve en el frigorífico. Deje que se enfríe el resto de la gelatina hasta que esté a punto de cuajar. Bata la gelatina fría hasta conse-guir burbujas, viértala en las copas e introduzca en el frigorífico hasta que cuaje. La cantidad es suficiente para 6 raciones.

budín de frambuesas, arroz y chocolate blanco

Reduzca a puré, con la batidora manual, 120 g de frambuesas frescas con 2 cucharadas de azúcar lustre y 2 de licor de frambuesa. Derrita 30 g de mantequilla en una cacerola antiadherente. Añada 125 g de arroz para *risotto* o de Calasparra y 1 vaina de vainilla partida por la mitad y remueva hasta que el arroz quede bien cubierto por la mantequilla. Caliente, por debajo del punto de ebullición, 800 ml de leche, 50 g de azúcar blanquilla y 1 cucharadita de extracto de vainilla natural. Vierta un cucharón de la mezcla de leche en el arroz y remueva sin cesar has-ta que el líquido se evapore. Repita el proceso hasta incorporar toda la leche. Retire la vaina de vainilla. Añada 100 g de chocolate blanco pi-cado y remueva hasta que el chocolate se funda. Deje reposar 5 minutos y reparta el budín entre los cuencos. Vierta por encima el puré de frambuesas y remueva para obtener un efecto veteado. La cantidad es suficiente para 4 raciones.

helado de lichis y fresas .... para 6-8 personas

CUALQUIER PERSONA QUE NO HAYA PROBADO UN LICHI SE PREGUNTARÁ QUÉ PROPORCIONA A ESTE HELADO SU MA-
RAVILLOSO DULZOR, ADEMÁS DE LAS FRESAS. ESTAS DOS FRUTAS COMBINAN PERFECTAMENTE, A PESAR DE QUE UNA
PROCEDE DE CLIMAS TEMPLADOS Y LA OTRA DE LA CHINA TROPICAL.

fresas	250 g
azúcar blanquilla	165 g
lichis en almíbar	565 g
leche	375 ml
crema de leche espesa	500 ml
yemas de huevo	6, a temperatura ambiente

Reserve 50 g de fresas para decorar. Retire el pedúnculo y pique las restantes a grandes trozos. Introdúzcalas en un cuenco junto con su jugo. Espolvoree con 1 cucharada de azúcar y deje reposar 30 minutos. Escúrralas y pique finamente los lichis; reserve 125 ml de su almíbar.

Ponga la leche, la crema de leche y el resto del azúcar en una cacerola a fuego medio. Deje cocer, sin dejar de remover, unos pocos minutos o hasta que el azúcar se haya disuelto y la leche esté a punto de hervir. Retire del fuego.

Bata, en un cuenco, las yemas durante 1 minuto, o hasta que la mezcla sea homogénea, y añada 60 ml de la mezcla de leche caliente. Mezcle y vierta por encima el resto de la mezcla de leche. Ponga el recipiente a fuego medio-bajo y cueza, sin dejar de remover, con una cuchara de madera, hasta que la mezcla espese y recubra el dorso de una cuchara. No permita que hierva. Pase la crema por un colador fino y deje enfriar.

Mezcle suavemente la crema una vez fría con las fresas, sus zumos, los lichis y su almíbar. Introduzca la preparación en una heladera y congele según las instrucciones del fabricante. Como alternativa, vierta la preparación en una fuente metálica plana e introduzca en el congelador; bata la mezcla cada dos horas hasta que el helado esté cremoso y congelado. Sirva el helado con las frambuesas que había reservado.

Deje macerar con el azúcar
las fresas picadas.

Cuele la crema para conferir
un aspecto sedoso al helado.

hojaldres de nectarina..

CUANDO, EN VERANO, ABUNDAN LAS NECTARINAS, ES INTERESANTE PREPARAR UN POSTRE FABULOSO SIN NECESIDAD DE COMPLICARSE DEMASIADO LA VIDA.

pasta de hojaldre congelada	2 láminas, descongeladas
mantequilla	50 g
almendras molidas	55 g
extracto de vainilla natural	½ cucharadita
nectarinas	5 grandes
azúcar blanquilla	55 g
confitura de albaricoque o melocotón	110 g, calentada y colada

Precaliente el horno a 200 °C. Forre dos placas de hornear grandes con papel sulfurizado.

Corte la pasta en trozos de 8 x 12 cm y colóquelos en las placas. Mezcle la mantequilla, las almendras molidas y la vainilla en un cuenco pequeño para obtener una pasta. Repártala en los círculos y extiéndala uniformemente, dejando un borde de 1,5 cm alrededor de los extremos.

Corte las nectarinas por la mitad, deshuéselas y forme láminas de 5 mm de grosor. Coloque las láminas sobre los círculos de pasta, superponiéndolas y dejando un pequeño borde. Espolvoree las nectarinas con azúcar.

Hornee 15 minutos o hasta que las pastas hayan adquirido volumen y estén doradas. Pincele las nectarinas y la pasta con la confitura caliente mientras todavía estén templadas. Sírvalas a temperatura ambiente o calientes.

Las nectarinas, de piel lisa y fina, suelen utilizarse menos que el emparentado melocotón. Aunque de la misma calidad, son diferentes. Los melocotones son quizás más fragantes, mientras que las nectarinas, cuyo nombre procede del término griego empleado para designar el néctar, son más opulentas. Al igual que los melocotones, su carne puede ser blanca o amarilla y su hueso más fácil o difícil de retirar. Las nectarinas de carne blanquecina quizás sean las más sabrosas. Seleccione frutas que tengan buen color y aroma, que estén maduras, pero no hasta el punto de estar blandas y ceder al tacto. Las nectarinas pueden escalfarse, rellenarse, hornearse, asarse al grill y utilizarse como ingrediente en la elaboración de tartas y pastas.

melocotones aromáticos
con yogur griego . . . . para 4 personas

ESTE FRAGANTE POSTRE SE PREPARA INFUSIONANDO LOS MELOCOTONES CON CUATRO ESPECIAS. ES UN POSTRE QUE
APROVECHA AL MÁXIMO LOS RECURSOS DE ESTA FRUTA. NO MACERE LOS MELOCOTONES EN EL ALMÍBAR MÁS DE
4 HORAS O, DE LO CONTRARIO, SE DECOLORARÁN Y PERDERÁN SU MAGNÍFICO TONO ROSADO.

azúcar blanquilla	225 g
vaina de vainilla	1, partida a lo largo
canela en rama	1 trozo
cápsulas de cardamomo	6
anís estrellado	2
melocotones	4
azúcar moreno oscuro	2 cucharadas
yogur griego	300 g

Vierta 500 ml de agua en un cazo y añada el azúcar. Caliente a fuego medio hasta que el azúcar se haya disuelto. Raspe las semillas de la vaina de vainilla sobre el cazo e incorpore la vaina, las cápsulas de cardamomo, la canela y el anís estrellado. Hierva 2 minutos y deje enfriar.

Ponga los melocotones en un cuenco refractario y cúbralos con agua hirviendo. Déjelos reposar 1 minuto; luego escúrralos y refrésquelos en agua helada. Córtelos por la mitad, deshuéselos y pélelos. Trabajando con rapidez para evitar que se oxiden, coloque los melocotones en un cuenco limpio, cuele por encima el almíbar y conserve en el frigorífico varias horas para que los melocotones se maceren en el almíbar.

Mezcle el azúcar moreno con el yogur y sírvalo con los melocotones y su almíbar.

Infusione el almíbar con las especias aromáticas.

Ponga en remojo los melocotones en agua hirviendo para pelarlos.

Endulce el yogur con un poco de azúcar moreno.

mousse de fresas
y *mascarpone* . . . . para 6 personas

PARA SER UN QUESO CON ELEVADO CONTENIDO GRASO, EL *MASCARPONE* NO ES DULCE; SIN EMBARGO, ES MUY CRE-
MOSO Y MARAVILLOSAMENTE SUAVE Y PROPORCIONA LA BASE PERFECTA PARA LAS FRESAS Y EL CRUJIENTE PRALINÉ.
ESTA RECETA ES FANTÁSTICA TANTO PARA EL VERANO COMO PARA LA PRIMAVERA, CUANDO LAS FRESAS SE ENCUENTRAN
EN SU MEJOR MOMENTO.

azúcar blanquilla	80 g
gelatina en polvo	1 cucharada
fresas	500 g, sin el pedúnculo
queso *mascarpone*	250 g
praliné casero triturado	opcional (*véase* pág. 27)

Mezcle el azúcar y 125 ml de agua en un cazo pequeño. Vaya removiendo a fuego lento durante 3 minutos, o hasta que el azúcar se haya
disuelto. Espolvoree la gelatina sobre la mezcla de azúcar y remueva
2 minutos o hasta que la gelatina se haya disuelto. Deje enfriar.

Introduzca las fresas en el robot y redúzcalas a puré. Añada el *mascarpone* y mezcle con el motor en marcha. Vaya incorporando poco
a poco la mezcla de gelatina a modo de chorrito fino. Vierta la mezcla en un molde de 1 l de capacidad. Conserve en el frigorífico toda la
noche o hasta que haya cuajado.

Antes de servir, sumerja la base del molde en agua caliente durante
10 segundos y desmolde la *mousse* en un plato. Cubra con el praliné, si lo desea.

Esta sabrosa fruta necesita poca
introducción. Originaria tanto de
Europa como de América, crece en
las regiones templadas de todo el
mundo. A ser posible, elija fresas
silvestres, ya que resultan mucho
más sabrosas que las cultivadas.
La fresa tiene la particularidad de
que sus semillas crecen en la
parte externa del fruto, en lugar de
en el interior. Versátiles y robustas,
las fresas se pueden utilizar en
batidos y purés, pasteles
y conservas. Al comprarlas, no
elija las más grandes y vistosas;
tome las que parezcan firmes y
rollizas, sin máculas y de color vivo.
Consérvelas en el frigorífico y
lávelas antes de utilizarlas.

pavlovas de coco con frutas tropicales
y crema de fruta de la pasión . . . . para 4 personas

¿A QUIÉN NO LE ENCANTA UNA BASE CRUJIENTE DE MERENGUE, REPLETA DE CREMA Y FRUTAS FRESCAS? LA CREMA DE FRUTA DE LA PASIÓN ES UNA COBERTURA CLÁSICA Y LOS LICHIS Y LA PAPAYA UN SIGNO DE LOS NUEVOS TIEMPOS; NO OBSTANTE, PUEDE EMPLEAR CUALQUIER FRUTA FRESCA ESTACIONAL.

pavlovas

claras de huevo	2, a temperatura ambiente
azúcar blanquilla	115 g
maicena	½ cucharadita
extracto de vainilla natural	½ cucharadita
coco rallado	15 g

crema de fruta de la pasión

crema de leche espesa	250 ml
azúcar lustre	2 cucharadas
fruta de la pasión	4
papaya roja	½ pequeña, sin semillas y pelada
lichis frescos	4, cortados por la mitad y sin semillas
mango	½ pelado y sin semillas

Para preparar las *pavlovas*, precaliente el horno a 120 °C. Forre una placa de hornear con papel sulfurizado.

Bata, en un cuenco, las claras de huevo con el azúcar durante 8 minutos, o hasta que el merengue adquiera una textura espesa y brillante. Incorpore, sin dejar de batir, la maicena y la vainilla y, posteriormente, el coco, con la ayuda de una cuchara de metal.

Con la ayuda de dos cucharas grandes de metal, ponga cuatro cucharadas ovaladas del merengue sobre la placa. Hornee 30 minutos o hasta que las *pavlovas* estén crujientes. Apague el horno y deje las *pavlovas* dentro, hasta que el horno esté frío.

Para preparar la crema de fruta de la pasión, bata la crema de leche y el azúcar lustre hasta que se formen picos blandos. Incorpore la pulpa de la fruta de la pasión a la crema y conserve en el frigorífico hasta el momento de servir.

Corte la papaya, los lichis y el mango en dados muy pequeños. Al servir, cubra las *pavlovas* con un poco de fruta de la pasión y acompañe con los dados de fruta.

Nota: si desea una alternativa rápida, prepare los merengues y cúbralos con crema montada, una selección de bayas frescas y un puré de bayas que habrá preparado reduciendo las bayas a puré y colándolas.

Utilice una cuchara metálica para incorporar el coco rallado.

Asegúrese de que los merengues están bien espaciados en la placa.

Incorpore lentamente a la crema la pulpa de la fruta de la pasión.

brazo de gitano de chocolate blanco y bayas

. . . . para 6–8 personas

ES DESTACABLE EL NÚMERO DE CREACIONES QUE PUEDEN OBTENERSE A PARTIR DE CUATRO ELEMENTOS BÁSICOS, TALES COMO HARINA, HUEVOS, AZÚCAR Y CREMA. AUNQUE LOS BRAZOS TAMBIÉN PUEDEN SER SALADOS, ÉSTE NO LO ES. COMPRE LAS BAYAS MÁS JUGOSAS QUE PUEDA ENCONTRAR.

huevos	4, a temperatura ambiente, separadas las claras de las yemas
azúcar blanquilla	115 g, y un poco más para espolvorear
agua caliente	1 cucharada
chocolate blanco	60 g, finamente rallado
harina con levadura incorporada	60 g
fresas	100 g, en láminas
frambuesas frescas	100 g
azúcar blanquilla	1-2 cucharadas, al gusto
crema de leche espesa	185 ml
azúcar lustre	2 cucharaditas, y un poco más para espolvorear
extracto de vainilla natural	1 cucharadita

Precaliente el horno a 200 °C. Unte con aceite un molde para brazo de gitano de 25 x 30 cm. Fórrelo con papel sulfurizado, dejando que caiga por los lados.

Bata las yemas de huevo con el azúcar en una batidora eléctrica durante 5 minutos, o hasta que adquieran una textura espesa y cremosa. Añada el agua caliente y el chocolate blanco. Tamice la harina sobre la mezcla y remueva suavemente hasta que todo quede mezclado.

Bata las claras con la batidora limpia hasta que formen picos blandos. Con la ayuda de una cuchara de metal grande, incorpore las claras a la mezcla de chocolate y remueva hasta que todo quede mezclado. Vierta la mezcla en el molde y hornee de 12-15 minutos o hasta que el bizcocho esté dorado y firme al tacto.

Ponga una lámina grande de papel sulfurizado sobre la superficie de trabajo y espolvoree por encima con azúcar lustre. Vuelque el bizcocho sobre el papel azucarado. Recorte los bordes crujientes y enrolle el brazo a partir de un extremo corto, con la ayuda del papel de hornear. Deje reposar durante 5 minutos, desenrolle el bizcocho y deje enfriar.

Mientras, introduzca las bayas en un cuenco y endúlcelas con azúcar blanquilla al gusto. Bata la crema de leche, el azúcar lustre y la vainilla hasta que esté a punto de nieve. Cubra el bizcocho con la crema y reparta las bayas por encima. Enrolle el bizcocho y espolvoree con azúcar lustre. Corte en porciones y sirva.

Utilice el papel de hornear como ayuda para enrollar el bizcocho.

Distribuya las bayas uniformemente sobre el bizcocho.

sorbete de melocotón y agua de rosas . . . . . para 4–6 personas

LO MÁS INTERESANTE DE LOS SORBETES ES QUE SON FÁCILES DE PREPARAR, REQUIEREN POCOS INGREDIENTES Y NINGÚN TIPO DE INSTRUMENTO ESPECIAL. TODO LO QUE SE NECESITA ES TIEMPO PARA CONGELAR Y BATIR EL SORBETE MUY BIEN. DULCE Y PERFUMADO, ESTE SORBETE PUEDE DECORARSE CON PÉTALOS DE ROSA NO TRATADOS.

té de melocotón	400 ml
azúcar blanquilla	300 g
melocotones	6
agua de rosas	80 ml

Vierta la mitad del té de melocotón en un cazo pequeño. Añada el azúcar y remueva hasta que se haya disuelto. Lleve a ebullición y cueza 2 minutos; luego, retire del fuego y deje enfriar.

Corte los melocotones a cuartos y deshuéselos. Ponga los melocotones y el resto del té de melocotón en una cacerola y escalfe la fruta 10 minutos. Retírela con una espumadera y reserve el líquido. Pele los melocotones y déjelos enfriar.

Introduzca los melocotones, el líquido en que se escalfaron, el almíbar de té y el agua de rosas en el robot o batidora hasta obtener una mezcla homogénea. Vierta la mezcla en un recipiente de plástico e introdúzcala en el congelador durante 1 ½ horas, o hasta que las paredes y la base estén sólidas y el centro tenga la textura de aguanieve.

Con la ayuda del robot o la batidora, bata la mezcla homogéneamente. Repita el proceso de congelado y batido, como mínimo dos veces más, y posteriormente, introduzca de nuevo en el congelador otros 30-60 minutos.

El agua de rosas se prepara destilando la fragancia de pétalos de rosa, normalmente de rosas damascenas. Esta técnica se practica desde la época del antiguo Egipto, a pesar de que el agua de rosas alcanzó su apogeo en la suntuosa cocina persa del siglo x d.C. Su popularidad se extendió de Oriente Medio a la India y Europa y todavia se utiliza para aromatizar platos tradicionales como las delicias turcas, los *lassis* indios y las *baklavas*, así como para aportar una dulce fragancia a currys y platos de arroz. El agua de rosas debe usarse siguiendo las cantidades indicadas, ya que, de lo contrario, puede endulzar demasiado el plato.

la crepe perfecta

Las crepes se preparan con una masa a base de harina, leche, mantequilla derretida
y huevos. Las más simples se aromatizan con azúcar y un chorrito de limón, aunque también
pueden rellenarse. Es importante que la masa repose para que el gluten de la harina pueda
absorber el máximo líquido. No manipule la crepe mientras se cuece la primera cara.

Si prepara varias crepes a la vez, consérvelas intercaladas entre hojas de papel sulfurizado. Puede
mantenerlas calientes en el horno a temperatura baja o bien conservarlas en el frigorífico. Se congelan
bien si se envuelven en papel de aluminio y, posteriormente, se introducen en una bolsa de plástico.

Para obtener unas crepes perfectas, tamice 150 g de harina, una pizca de sal y 1 cucharadita
de azúcar en un cuenco grande. Practique un hueco en el centro. Bata 3 huevos y 435 ml de leche.
Vierta lentamente la mezcla en el hueco practicado en los ingredientes secos, sin dejar de batir,
y vaya mezclando con la harina. Añada 80 g de mantequilla derretida, mezcle y vierta la preparación
en una jarra con un pico vertedor. La masa debe adquirir la consistencia de la crema de leche espesa.
Resérvela en el frigorífico durante 30 minutos.

Caliente una sartén para crepes o antiadherente a fuego medio. Pincélela con un poco de mantequilla
derretida y vierta la masa suficiente para formar una capa fina; sacuda la sartén para que la masa cubra
uniformemente la base. Deje caer el exceso de masa y llene los huecos con un poco de la misma, si
fuese necesario. Cueza la crepe 1 minuto sin tocarla, o hasta que sus bordes empiecen a levantarse
y la base esté dorada. Con la ayuda de un cuchillo paleta desprenda un extremo y sacuda la sartén para
asegurarse de que la crepe no se ha adherido. Deslice cuidadosamente el cuchillo paleta por debajo de
la crepe para levantarla y déle la vuelta. Cueza otros 20-30 segundos y, posteriormente, ponga la crepe
en un plato. Continúe preparando las crepes de la misma forma, añadiendo un poco de mantequilla
derretida cada vez que prepara una, si fuese necesario. La cantidad es suficiente para unas 12 crepes.

tarta caramelizada de melocotones
y fruta de la pasión

SI EMPLEA UNA PASTA QUEBRADA YA PREPARADA, ESTA RECETA ES MUY RÁPIDA. ELIJA UNA PASTA DE CALIDAD Y DÉJELA REPOSAR 20 MINUTOS ANTES DE DESENROLLARLA, YA QUE, DE LO CONTRARIO, SE ROMPERÍA Y SERÍA DIFÍCIL DE TRABAJAR. LOS MELOCOTONES CARAMELIZADOS APORTAN UNA SUAVE OPULENCIA A ESTE POSTRE.

pasta quebrada	300 g o 1 preparada de calidad
harina	80 g
azúcar moreno	40 g
mantequilla	40 g, fría y en dados
coco seco rallado	20 g
avellanas tostadas	2 cucharadas, picadas
melocotones	4, a cuñas
azúcar blanquilla	80 g
fruta de la pasión	3

Precaliente el horno a 200 °C. Extienda la pasta y cubra la base y las paredes de una tartera de 20 cm de diámetro y 4 cm de altura. Coloque la pasta en el molde y pinche la base. Forre el fondo de tarta con papel sulfurizado y ponga encima legumbres secas o arroz crudo. Hornee 15 minutos, retire el papel y las legumbres y vuelva a introducir en el horno otros 6-8 minutos. Deje enfriar. Baje la temperatura del horno a 180 °C.

Amase la harina, la mantequilla y el azúcar moreno. Incorpore el coco y las avellanas picadas y reserve.

Caliente una sartén a fuego fuerte. Mezcle las cuñas de melocotón con el azúcar. Introdúzcalas en la sartén y cuézalas; remuévalas de vez en cuando, hasta que estén uniformemente recubiertas de caramelo. Incorpore la pulpa de la fruta de la pasión y retire la sartén del fuego.

Extienda la mezcla de melocotón en el fondo de tarta y cubra con la mezcla de avellana. Hornee la tarta de 20-25 minutos, o hasta que la superficie esté bien dorada.

Amase la mantequilla con la harina y el azúcar.

Incorpore la fruta de la pasión a los melocotones caramelizados.

Cubra la superficie de la tarta con la mezcla de avellanas.

pastel de queso y cerezas . . . . para 8–10 personas

CADA CAPA DE ESTE PASTEL DE QUESO SABE MEJOR QUE LA ANTERIOR, DESDE LA BASE MANTECOSA, AL CENTRO, DELI-
CIOSAMENTE JUGOSO, Y LA COBERTURA DE CEREZAS. PARA DESHUESARLAS, UTILICE UN DESHUESADOR O CORTE LA
FRUTA POR LA MITAD CON LA AYUDA DE UN CUCHILLO PEQUEÑO Y RETIRE EL HUESO.

cerezas	540 g, deshuesadas y cortadas por la mitad
azúcar blanquilla	125 g
zumo de limón	2 cucharadas
galletas de mantequilla	200 g
mantequilla	90 g
queso en crema	500 g, a punto de pomada
miel	125 g
extracto de vainilla natural	2 cucharaditas
limón	1, cáscara finamente rallada
huevos	4, a temperatura ambiente
crema de leche espesa	200 ml

Ponga 100 ml de agua en un cazo con las cerezas, el azúcar y el zumo de limón. Lleve a ebullición y baje el fuego al mínimo. Cueza, removiendo de vez en cuando, y presionando ligeramente las cerezas para aplastarlas, de 12-15 minutos, o hasta que las cerezas hayan adquirido una textura blanda y sólo queden 2-3 cucharadas de almíbar. Retire del fuego y deje enfriar.

Precaliente el horno a 180 °C. Unte ligeramente con mantequilla un molde de fondo desmontable de 22 cm de diámetro y forre la base. Pique las galletas en un robot hasta que formen migas. Incorpore la mantequilla y accione de nuevo hasta que ambas queden ligadas. Presione la mezcla contra el fondo y las paredes del molde e introduzca en el congelador 10 minutos. Cubra la parte exterior del molde con papel de aluminio bien apretado para evitar que caiga líquido durante la cocción. Coloque el molde en una fuente honda para hornear.

Bata el queso en crema, la miel, la vainilla, la cáscara y el zumo de limón hasta obtener una mezcla homogénea. Añada los huevos, uno a uno, batiendo bien tras cada adición. Mezcle con la crema. Vierta la mezcla sobre el fondo de tarta. Ponga en la fuente el agua caliente suficiente para hornear. Hornee durante 45 minutos, o hasta que el pastel casi haya cuajado. Reparta la mezcla de cerezas en el pastel, y extiéndala con cuidado hacia los bordes. Hornee 10 minutos más o hasta que el pastel haya cuajado. Retire el papel de aluminio, coloque el pastel en una rejilla metálica para que se enfríe y consérvelo en el frigorífico hasta el momento de servir. Sírvalo a temperatura ambiente.

Cueza las cerezas hasta que estén blandas y almibaradas.

Vierta el relleno una vez que la base esté fría.

Extienda las cerezas sobre la superficie del pastel de queso.

pannacotta a la vainilla con frutas . . . . para 4 personas

EL SUERO SE OBTIENE A PARTIR DE LA LECHE DESNATADA Y TIENE MENOS GRASA QUE LA CREMA DE LECHE. PARA OBTE-NERLO, SE LE AÑADE UN ÁCIDO QUE LA ESPESA Y LE CONFIERE SU SABOR ÁCIDO. ARMONIZA A LA PERFECCIÓN CON LA *PANNACOTTA*, AL MISMO TIEMPO QUE CREA UN POSTRE SUAVE Y CREMOSO.

pannacotta

gelatina en polvo	2 cucharaditas
crema de leche espesa	250 ml
azúcar blanquilla	55 g
vaina de vainilla	½, partida por la mitad a lo largo
suero	250 ml
fruta de la pasión	2
azúcar blanquilla	2 cucharaditas
piña pequeña	½, pelada y sin corazón
papaya roja pequeña	½, sin semillas y pelada

Para preparar la *pannacotta*, unte ligeramente con mantequilla 4 moldes de metal, cristal o cerámica de 125 ml de capacidad.

Vierta 2 cucharaditas de agua en un cuenco pequeño y espolvoree por encima la gelatina. Deje que aumente de volumen. Ponga la crema de leche, el azúcar y la vaina de vainilla en un cazo pequeño y remueva a fuego lento de 2-3 minutos o hasta que el azúcar se haya disuelto. Bata la mezcla de gelatina con la de crema hasta que la gelatina se haya disuelto. Deje reposar 3 minutos.

Raspe las semillas de la vaina de vainilla, introdúzcalas en la mezcla de crema y deseche la vaina. Vierta la mezcla en un cuenco. Agite bien el suero antes de medirlo y, posteriormente, mézclelo con la crema. Distribuya la mezcla entre los moldes. Coloque los moldes en una bandeja, tape con película de plástico y conserve en el frigorífico de 3-4 horas, o hasta que hayan cuajado.

Cuele la fruta de la pasión sobre un cuenco pequeño y retire las semillas. Mezcle con el azúcar. Corte la piña y la papaya en tiras finas.

Para servir, pase con cuidado un cuchillo pequeño por las paredes de los recipientes y desmolde la *pannacotta* en los platos. Si no se desmolda con facilidad, sumerja la base en un cuenco con agua caliente. Coloque las frutas alrededor de la *pannacotta* y vierta por encima el zumo de fruta de la pasión.

Retire las semillas de la papaya con una cuchara.

Reparta la mezcla de *pannacotta* entre los moldes.

tartaletas de *ricotta* y bayas .... para 6 personas

LA *RICOTTA* ES UN QUESO FRESCO MUY VERSÁTIL. EN LAS PREPARACIONES DULCES COMBINA CON EL CHOCOLATE, LAS FRUTAS SECAS, LAS NUECES Y LAS BAYAS. ES UNA BUENA ALTERNATIVA A UN RELLENO TIPO *FRANGIPANE*; ADEMÁS, PROTEGE A LA FRUTA DURANTE LA COCCIÓN, CON LO QUE SE ASEGURA UN RELLENO JUGOSO.

pasta

harina	150 g
almendras molidas	35 g
azúcar blanquilla	1 cucharada
mantequilla	85 g, fría y en dados
yema de huevo	1, a temperatura ambiente

relleno

bayas variadas, como fresas, frambuesas y arándanos	300 g
huevo	1, a temperatura ambiente
azúcar blanquilla	60 g
zumo de limón	1 cucharada
queso *ricotta* suave	150 g
azúcar lustre	para espolvorear

Para preparar la pasta, ponga la harina, las almendras molidas, el azúcar, la mantequilla y una pizca de sal en el robot. Accione y amase la mezcla hasta que adquiera la textura de unas migas. Incorpore la yema de huevo y 1 cucharada de agua fría. Accione el aparato hasta que la mezcla forme una bola; añada más agua si la pasta resultara demasiado seca. Vuelque la pasta sobre la superficie de trabajo. Aplástela formando un disco, cubra con película de plástico e introduzca en el frigorífico 30 minutos.

Unte ligeramente con mantequilla 6 moldes para tartaletas de 9 cm de diámetro y 2 cm de profundidad. Extienda la pasta sobre la superficie de trabajo ligeramente espolvoreada con harina formando un grosor de 3 mm. Corte 6 círculos de pasta de 13 cm y forre con ellos los moldes. Pinche la base de la pasta con un tenedor e introduzca en el frigorífico 10 minutos. Precaliente el horno a 200 °C.

Para preparar el relleno, retire el pedúnculo a las fresas y corte las grandes. Ponga el huevo, el azúcar blanquilla y el zumo de limón en un cuenco refractario y colóquelo sobre una cacerola con agua tan apenas hirviendo; asegúrese de que la base del cuenco no toca el agua. Bata con la batidora eléctrica de varillas de 5-6 minutos, o hasta que la mezcla quede ligera y cremosa. Mezcle con la *ricotta*. Distribuya las bayas entre los moldes y vierta por encima la mezcla de *ricotta*. Hornee de 20-22 minutos, o hasta que los extremos de la pasta estén ligeramente dorados. Sirva caliente o a temperatura ambiente, espolvoreado con azúcar lustre.

Retire los pedúnculos de las fresas y corte las grandes.

Asegúrese de que la base del cuenco no toca el agua.

Distribuya equitativamente las bayas entre los moldes.

otoño

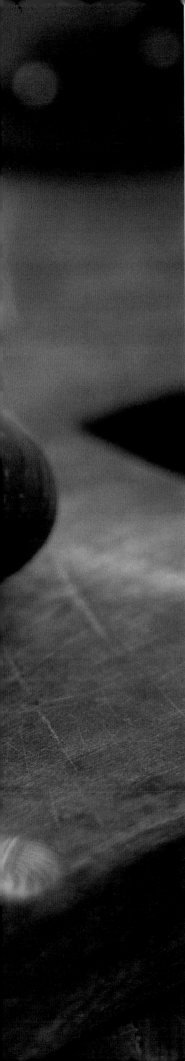

Si los postres tienen la capacidad de ayudarnos a soportar el final del verano
y la llegada del frío, estas recetas otoñales son ideales. No hay nada que lamentar
cuando higos, ciruelas y peras empiezan a hacer su aparición en las fruterías,
y postres como la empanada de higos y dátiles con crema de rosas, la tarta
de peras tatin y el pastel de ciruelas invertido se convierten en una posibilidad.
Las recetas de otoño, al igual que la estación, poseen sus propios placeres.

Este capítulo contiene algunas combinaciones de sabor clásicas. Las ciruelas
con almendras, las zarzamoras con crema inglesa y los higos con avellanas y yogur
no resultan menos deliciosos por su familiaridad. Pero el otoño, al igual que el resto
de las estaciones, tiene sus propios placeres. Las granadas, originarias de Persia y
apreciadas por los antiguos persas y egipcios, están disponibles en los comercios
y se hallan repletas de pequeñas cápsulas rojas con apariencia de joyas. Es una
fruta exótica que quizás desestime debido a que desconoce su sabor y cómo debe
prepararse. Sugerimos unos buñuelos de fruta con salsa de granada y un helado
de delicias turcas.

Con la gradual disminución de las frutas disponibles, las frutas secas se convierten
en una reserva útil. Las frutas secas ofrecen un sabor dulce concentrado, así como
una adecuada textura; además, resultan ideales en los buñuelos de frutas.

Las recetas de este capítulo también contemplan los postres dulces y almibarados.
Tanto el pastel de sémola con pistachos y lima y glaseado de dátiles, como
el pastel de queso y jengibre con ciruelas escalfadas al sauternes, son postres
que nos animan a rebañar cucharas, cuencos y dedos. Los pasteles y tartas
recién horneados, los troncos de *ganache* y los *strudels* en otoño se encuentran
en su mejor momento.

Este capítulo también muestra cómo preparar una buena pasta quebrada, una
de las técnicas indispensables para cualquier persona que desee hornear. La pasta
quebrada se encuentra disponible en los comercios, y, aunque algunas marcas
fabrican un producto de calidad, ninguna proporciona la satisfacción y el sabor
de la preparada por usted.

helado de delicias turcas

ESTE DULCE HELADO CON TOQUES A ROSA HARÁ QUE TODOS SE PREGUNTEN CUÁL ES EL INGREDIENTE SECRETO DE LA RECETA. ADQUIERA UNAS DELICIAS TURCAS DE CALIDAD. SI QUEDA DEMASIADO PÁLIDO, PUEDE AÑADIR UNAS GOTAS DE COLORANTE A LA LECHE UNA VEZ HAYA DESLEÍDO LAS DELICIAS TURCAS.

leche	375 ml
crema de leche espesa	500 ml
azúcar blanquilla	150 g
yemas de huevo	6, a temperatura ambiente
delicias turcas o pasta de frutas	100 g, picadas en grandes trozos
granada	2 cucharadas

Ponga 250 ml de leche en un cazo con la crema y el azúcar. Cueza a fuego medio, sin dejar de remover, durante unos minutos, hasta que el azúcar se haya disuelto y la leche esté a punto de hervir. Retire del fuego.

Bata, en un cuenco, las yemas durante 1 minuto o hasta que estén bien mezcladas y añada 60 ml de la preparación de leche caliente. Mezcle y vierta el resto de la preparación de leche. Vierta de nuevo la mezcla en el cazo y cueza, sin dejar de remover, con una cuchara de madera, hasta que la mezcla espese y cubra el dorso de una cuchara. No deje que hierva. Cuele y deje enfriar.

Ponga el resto de la leche y las delicias turcas en un cazo pequeño y cueza a fuego lento. Remueva constantemente hasta que las delicias turcas se hayan desleído en la leche. Vierta sobre la preparación de crema, mezcle y deje enfriar.

Vierta la mezcla en una heladera y bata y congele de acuerdo con las instrucciones del fabricante. Como alternativa, puede verter la mezcla en una fuente honda e introducir en el frigorífico y batir cada dos horas hasta que la preparación solidifique, para que el helado adquiera una textura cremosa.

Sirva el helado con las semillas de granada por encima.

Añada al resto de la leche las delicias turcas picadas.

Remueva a fuego lento para desleír las delicias turcas.

strudel de moras y peras .... para 6–8 personas

ES TODA UNA SUERTE QUE EXISTA LA PASTA *FILO* PREPARADA, YA QUE SIN ELLA POCOS SE AVENTURARÍAN A PREPARAR UN *STRUDEL*. ESTA VERSIÓN SE ALEJA DE LA MEZCLA TRADICIONAL DE MANZANAS Y PASAS O CEREZAS Y CREMA AL COMBINAR PERAS CON AROMA DE CÍTRICOS, MORAS, ALMENDRAS Y SULTANAS.

mantequilla	120 g
extracto de vainilla natural	½ cucharadita
peras	4, peladas, sin corazón y picadas
cáscara de naranja	1 cucharadita, finamente rallada
limón	½, el zumo
pasta *filo*	5 láminas
migas de pan fresco	120 g
moras	200 g
almendras fileteadas tostadas	50 g
sultanas	60 g
azúcar blanquilla	165 g
azúcar lustre	para espolvorear
helado o crema de vainilla	para acompañar

Precaliente el horno a 180 °C y forre una placa de hornear con papel sulfurizado. Derrita 100 g de mantequilla con la vainilla.

Derrita el resto de la mantequilla en una sartén y saltee las peras a fuego lento unos 5 minutos o hasta que estén tiernas. Páselas a un cuenco grande con la cáscara de naranja y el zumo de limón. Mezcle ligeramente.

Extienda una lámina de pasta *filo* sobre la superficie de trabajo. Pincele la mantequilla derretida sobre la pasta y espolvoree ligeramente con las migas. Cubra con otra lámina de pasta y repita el proceso hasta que haya empleado toda la pasta. Espolvoréela con el resto de migas.

Incorpore las moras, las almendras, las sultanas y el azúcar a la preparación de peras y mezcle suavemente. Enrolle la pasta, empezando por un lado largo y dejando un borde de 5 cm. Doble los lados y enrolle la masa y coloque el rollo con el punto de la unión hacia abajo sobre la placa de hornear. Pincele con el resto de la mantequilla derretida y hornee 40 minutos o hasta que esté dorado. Espolvoree con azúcar lustre y sirva con crema o helado de vainilla.

La pera es una fruta difícil. Cuando está madura es suave, jugosa y difícil de mejorar, pero, pasado este breve momento, su decadencia ya empieza a ser visible. Su versatilidad en la cocina, sin embargo, la hace muy recomendable. Las peras pueden usarse en platos tanto dulces como salados; se pueden comer en ensaladas o escalfadas, en puré, horneadas y salteadas. Se encuentran disponibles durante casi todo el año y están en su mejor momento de sabor y abundancia en otoño. Al comprarlas, elija peras lisas y firmes y no duras.

crema con ciruelas asadas . . . . para 6 personas

ESTAS CIRUELAS CARAMELIZADAS CONSTITUYEN UN FONDO ESTUPENDO PARÁ LA CREMA. EL *VIN SANTO*, O VINO SANTO, ES UN VINO DE POSTRE ITALIANO MUY AROMÁTICO. SI NO PUEDE ENCONTRARLO, UTILICE JEREZ DULCE.

huevos	2, a temperatura ambiente
yemas de huevo	2, a temperatura ambiente
crema de leche espesa	250 ml
extracto de vainilla natural	1 cucharadita
leche	250 ml
azúcar moreno	165 g
ciruelas	6, partidas por la mitad y deshuesadas
vino santo	2 cucharadas
azúcar blanquilla	1 cucharada

Precaliente el horno a 150 ºC.

Bata los huevos, las yemas, la crema y la vainilla en un cuenco refractario hasta que todos los ingredientes estén bien ligados. Mézclelos con la leche y el azúcar moreno en un cazo pequeño y cueza a fuego lento hasta que el azúcar se haya disuelto. Caliente hasta casi alcanzar el punto de ebullición y retire del fuego. Añada 60 ml de leche caliente a la mezcla de huevo y bata; posteriormente, bata con el resto de la mezcla de leche.

Cuele la mezcla en una jarra con pico vertedor y distribuya la preparación en 6 moldes refractarios de 125 ml de capacidad. Ponga los moldes en una fuente para hornear honda y vierta dentro agua hirviendo hasta alcanzar la mitad de la altura de las paredes de los moldes. Hornee 45 minutos o hasta que las cremas hayan cuajado. Déjelas enfriar 30 minutos.

Mientras, suba la temperatura del horno a 200 ºC. Coloque las ciruelas sobre una placa de hornear formando una sola capa y con el lado cortado hacia arriba. Vierta por encima el vino y espolvoree con el azúcar blanquilla. Ase las ciruelas 12 minutos, o hasta que se hayan ablandado y sus pieles se abran. Déjelas enfriar a temperatura ambiente y sírvalas con las cremas.

Bata la leche caliente con la mezcla de huevo.

Vierta el vino sobre la cara cortada de las ciruelas.

Ase las ciruelas hasta que se ablanden y la piel se abra.

buñuelos de fruta
con salsa de granada .... para 8 personas

ESTE SOFISTICADO POSTRE ES COMPLETAMENTE DISTINTO AL TÍPICO BUÑUELO DE PLÁTANO CON HELADO. EN ESTA VER-
SIÓN, FRUTA Y FRUTOS SECOS SE MACERAN EN RON, MIENTRAS QUE LA MASA INCORPORA CÁSCARA DE LIMÓN, VAINILLA
Y VINO BLANCO. PARA TERMINAR, LA SALSA DE GRANADAS SE VIERTE TENTADORAMENTE SOBRE LA SUPERFICIE.

manzanas	3
ron	1 cucharada
almendras tostadas fileteadas	40 g
orejones de albaricoques	40 g
pasas	40 g
canela molida	¼ de cucharadita
aceite	para freír
azúcar lustre	para espolvorear

masa

harina	220 g
azúcar blanquilla	2 cucharadas
vino blanco seco	250 ml
aceite de oliva	1 cucharada
cáscara de limón	1 cucharadita, finamente rallada
extracto de vainilla natural	1 cucharadita
huevos	3, a temperatura ambiente

salsa

azúcar	70 g
granadas	2
zumo de limón	2 cucharaditas

Pele, corte en cuartos y quite el corazón a las manzanas; córtelas en
láminas finas y píquelas en grandes trozos. Ponga las manzanas en un
cuenco grande y mézclelas con el ron. Pique las almendras y los albaricoques y añádalos a las manzanas. Incorpore las pasas y la canela y mezcle bien. Deje reposar 1 hora.

Mientras, para preparar la masa, tamice la harina en un cuenco y añada el azúcar. Vaya incorporando el vino y el aceite de oliva. Añada la
cáscara de limón, la vainilla y las yemas de huevo y bata hasta obtener una masa de textura homogénea. Resérvela en un lugar frío durante 50 minutos.

Para preparar la salsa, ponga el azúcar y 250 ml de agua en un cazo
pequeño. Lleve a ebullición y cueza unos 15 minutos, o hasta que se
haya reducido a la mitad. Extraiga las semillas de la granada y reserve
el zumo en un cuenco. Deseche las membranas blancas. Reduzca a
puré las semillas de granada, junto con el zumo, en el robot y pase la
mezcla a través de un tamiz de malla muy fina. Incorpore el líquido ob-
tenido y el zumo de limón en el recipiente con el almíbar de azúcar y
deje cocer 5 minutos a fuego lento. Retire del fuego y reserve.

Incorpore la mezcla de manzana a la masa. Bata las claras de huevo
hasta que estén a punto de nieve. Con la ayuda de una cuchara de
metal, incorpore una cucharada de las claras batidas a la masa; luego
añada el resto.

Llene de aceite una freidora o cazo de tamaño medio hasta un tercio de su altura. Caliéntelo a 160 °C, o hasta que, al añadir un dado
de pan, se dore en 30 segundos. Deje caer con cuidado cucharadas de la masa en el aceite y fría aproximadamente 1 minuto o hasta
que estén dorados. Retire con unas pinzas y escurra sobre papel de
cocina.

Espolvoree los buñuelos con azúcar lustre y sírvalos rápidamente con
la salsa de granadas.

Incorpore la cáscara, la vainilla
y las yemas y bata.

Asegúrese de que no utiliza
la membrana.

helado de ciruelas y almendrados . . . . para 4 personas

PARA UN MAYOR IMPACTO VISUAL, UTILICE CIRUELAS ROJAS EN LUGAR DE AMARILLAS. LAS VARIEDADES OSCURAS SON, POR LO GENERAL, MÁS APTAS PARA COCINAR. PIQUE BIEN LOS ALMENDRADOS; SU SABOR CRUJIENTE DEBE FORMAR PARTE DEL HELADO Y NO CONSTITUIR TAN SÓLO UN INGREDIENTE.

ciruelas	450 g
azúcar blanquilla	80 g
extracto de almendras	unas gotas
crema de calidad preparada	500 ml
almendrados	80 g, picados

Corte las ciruelas por la mitad y deshuéselas. Mezcle el azúcar y 125 ml de agua en un cazo. Incorpore las ciruelas y escálfelas 10 minutos. Déjelas enfriar.

Reduzca a puré las ciruelas, el líquido donde se escalfaron y el extracto de almendras. Mezcle cuidadosamente la preparación de las ciruelas con la crema. Vierta en un molde de plástico poco profundo e introduzca en el congelador de 1-1 ½ horas, o hasta que los lados y la base se solidifiquen y el centro adquiera la apariencia de aguanieve.

Con la ayuda de una batidora eléctrica o manual, bata la mezcla hasta que se asemeje a aguanieve. Introduzca de nuevo la mezcla en el congelador, y repita el proceso de batido dos veces más, como mínimo.

Mezcle el helado con los almendrados e introdúzcalo en el congelador durante otros 30-60 minutos, o hasta que esté firme.

Tras la gran selección de frutas veraniegas, las ciruelas quizás es difícil que llamen la atención, aunque la merecen. Son particularmente útiles para los cocineros, quienes pueden emplearlas en postres, conservas y confituras. También son excelentes para escalfar y guisar. Originarias de Europa y América del Norte, en la actualidad existen más de 2.000 variedades cultivadas en todo el mundo. Su carne puede ser amarilla o púrpura, y su sabor dulce o ácido. Las variedades ácidas, en particular las damascenas, son las más indicadas para cocinar, mientras que es preferible consumir frescas las dulces y jugosas. Al comprar ciruelas elija frutas con buen aroma, que cedan ligeramente a la presión y tengan un rubor blanquecino en la piel.

pastel de sémola con pistachos y lima y glaseado de dátiles .... para 16 personas

ESTE PASTEL TIENE SUS ORÍGENES EN LA COCINA DEL MEDITERRÁNEO ORIENTAL, DONDE PASTELES Y PASTAS DE SÉMOLA SE PONEN EN REMOJO CON ALMÍBARES DULCES. LOS DÁTILES SON UNA ELECCIÓN POPULAR EN ESTOS ALMÍBARES DEBIDO A SU ALTO CONTENIDO EN AZÚCAR. PARA CONTRARRESTAR SU DULZOR SE HA AÑADIDO ZUMO DE LIMA.

glaseado de dátiles	
azúcar blanquilla	185 g
dátiles deshuesados	200 g, picados en grandes trozos
limas	2, zumo exprimido
mantequilla	125 g
azúcar blanquilla	125 g
limas	2, cáscara finamente rallada
huevos	2, a temperatura ambiente
sémola fina	360 g
pistachos	90 g
levadura en polvo	2 cucharaditas
bicarbonato sódico	½ cucharadita
yogur natural	185 g
leche	125 ml
crema de leche espesa o acidificada	para acompañar

Para preparar el relleno de dátiles, ponga el azúcar en un cazo pequeño a fuego medio con 185 ml de agua. Remueva hasta que el azúcar se haya disuelto. Incorpore los dátiles y el zumo de lima y lleve a ebullición. Baje el fuego y deje cocer a fuego lento de 6-8 minutos, o hasta que los dátiles hayan adquirido una textura blanda. Retire del fuego y deje enfriar.

Precaliente el horno a 180 ºC. Unte con mantequilla y forre con papel sulfurizado un molde cuadrado de 23 cm de lado.

Ponga la mantequilla, el azúcar y la cáscara de lima en un cuenco grande y bata con la batidora de varillas hasta que la mezcla quede ligera y esponjosa. Añada los huevos, uno a uno, y bata bien. Incorpore en otro cuenco la sémola, los pistachos, la levadura en polvo y el bicarbonato. Mezcle la preparación de mantequilla con la de sémola y el yogur alternándolos y, posteriormente, incorpore la leche. Vierta la mezcla en el molde y hornee 40 minutos o hasta que, al insertar una broqueta en el centro, salga limpia.

Reparta el glaseado sobre el pastel caliente y colóquelo en una rejilla para que se enfríe. Sirva el pastel caliente o a temperatura ambiente acompañado de crema acidificada o espesa.

Cueza los dátiles picados hasta que adquieran una textura blanda.

Mezcle los pistachos picados con la sémola.

Incorpore la mezcla de sémola y el yogur a la de mantequilla.

empanadas de higos y dátiles con crema de rosas

.... para 4 personas

ESTAS EMPANADAS CONSTITUYEN UNA CELEBRACIÓN DEL OTOÑO. LOS HIGOS, LAS MANZANAS, LOS CÍTRICOS, LA CANE-
LA Y LA VAINILLA PRODUCEN UN SABOR MUY RECONFORTANTE Y UNA FORMA FANTÁSTICA DE FINALIZAR UNA COMIDA.
ESTAS EMPANADAS PUEDEN PREPARARSE CON ANTELACIÓN Y CONSERVARSE EN EL FRIGORÍFICO HASTA HORNEARLAS.

crema de rosas

crema de leche espesa	125 ml
agua de rosas	2 cucharaditas
azúcar blanquilla	1 cucharada
manzanas	3, peladas, sin corazón y cortadas en dados de 2 cm
higos	3 frescos o 6 secos, en dados de 2 cm
mantequilla	40 g
azúcar blanquilla	60 g
naranja	1, cáscara rallada
limón	1, cáscara rallada
limón	½, el zumo
canela en rama	1 trozo
extracto de vainilla natural	1 cucharadita
pasta quebrada preparada	1 lámina
clara de huevo	1, a temperatura ambiente

Para preparar la crema de rosas, bata la crema, el agua de rosas y el azúcar en un cuenco hasta que la mezcla espese. Conserve en el frigorífico hasta que la necesite.

Ponga la manzana, los higos, la mantequilla, el azúcar, la cáscara de naranja y limón, el zumo, la canela, la vainilla y 2 cucharadas de agua en un cazo. Remueva a fuego fuerte hasta que la mantequilla se haya derretido y el azúcar se haya disuelto. Lleve a ebullición, baje el fuego y deje cocer a fuego lento 10 minutos o hasta que la manzana se ablande. Retire del fuego y deje enfriar.

Precaliente el horno a 180 ºC y unte ligeramente con mantequilla 4 moldes refractarios de 125 ml de capacidad.

Vierta la mezcla fría de manzana en los moldes y retire la canela. Corte cuatro círculos de pasta cuyo diámetro sea 1 cm mayor que los moldes. Introduzca los círculos de pasta sobre los moldes presionando sobre los bordes para sellarlos. Pincele la pasta con la clara. Hornee las empanadas 40 minutos o hasta que estén doradas. Sírvalas calientes con la crema de rosas.

Se han encontrado higos entre los tesoros funerarios de las antiguas tumbas egipcias. Los higos, cultivados en los jardines colgantes de Babilonia, eran considerados un símbolo de la fertilidad por los antiguos griegos, apareciendo ya en la Biblia. Los higos se han tenido siempre en gran consideración. Pequeños, blandos y en forma de pera, y color que oscila del verde pálido al púrpura, esta fruta tiene una carne dulce y pulposa repleta de semillas comestibles. En la cocina, los higos pueden escalfarse, asarse, añadirse a tartas y formar parte de la preparación de conservas. Los pedúnculos se deben retirar antes de la cocción. Al comprarlos, elija frutas firmes y sin máculas, que cedan ligeramente a la presión del dedo. Los higos también se comercializan secos.

tres formas de preparar las almendras

LAS ALMENDRAS SE UTILIZAN A MENUDO COMO POTENCIADOR DE OTROS SABORES; NO OBSTANTE, TAMBIÉN PUEDEN OCUPAR UN PAPEL PRINCIPAL. PARA OBTENER MÁS SABOR, PREPÁRELAS USTED MISMO. PARA BLANQUEARLAS, VIERTA AGUA HIRVIENDO POR ENCIMA, DÉJELAS EN REMOJO 2 MINUTOS Y PÉLELAS CON LOS DEDOS. PÍQUELAS MIENTRAS TODAVÍA ESTÉN CALIENTES. PARA TOSTARLAS, PÓNGALAS EN UNA PLACA Y CUÉZALAS DE 8-10 MINUTOS EN EL HORNO A 180 °C; DESPUÉS, MUÉLALAS EN EL ROBOT O MORTERO.

negritos de almendras

Funda 200 g de chocolate picado de cobertura negro en un cuenco refractario dispuesto sobre un cazo con agua sin llegar a hervir. Retire del fuego y deje enfriar 5 minutos. Bata 125 g de mantequilla y 115 g de azúcar con la batidora eléctrica de varillas durante 10 minutos. Añada 2 huevos, de uno en uno, sin dejar de batir y mezcle bien. Tamice en otro cuenco 2 cucharadas de cacao en polvo de calidad, 30 g de harina común y 30 g de harina con levadura incorporada. Incorpore la mezcla de cacao a la de mantequilla y mezcle. Añada, a continuación, el chocolate fundido y remueva. Vierta la mezcla en un molde cuadrado de 20 cm de lado, previamente forrado con papel sulfurizado y coloque sobre la superficie 80 g de almendras blanqueadas. Hornee a una temperatura de 170 °C durante 35 minutos. Deje enfriar en el molde durante 5 minutos antes de colocar los negritos en una rejilla metálica para que se enfríen. Corte los negritos en cuadrados de 4 cm de lado y espolvoréelos con cacao. La cantidad es suficiente para 25 unidades.

tartas de almendras caramelizadas

Tueste 50 g de almendras fileteadas en el horno precalentado a 200 °C durante 7 minutos o hasta que estén doradas. Ponga 60 g de mantequilla, 80 g de azúcar moreno blando y 60 ml de agua en una sartén y remueva a fuego lento hasta que el azúcar se haya disuelto. Mezcle con las almendras y distribuya la preparación entre cuatro tartaletas de base desmontable de 9 cm de diámetro. Descongele una lámina de hojaldre y córtela en 4 círculos de 9 cm. Coloque los círculos de pasta sobre el relleno de los moldes, ajústelos y hornee 10 minutos o hasta que la pasta haya adquirido volumen y esté dorada. Desmolde las tartas inmediatamente, de forma que la pasta quede abajo. Deje enfriar. La cantidad es suficiente para 4 pesonas.

budines de almendras y lima

Ponga 115 g de azúcar blanquilla, 20 g de mantequilla y 60 ml de zumo de lima en un cazo. Remueva a fuego lento hasta que el azúcar se haya disuelto. Lleve a ebullición y cueza sin remover 3 minutos, o hasta que la mezcla quede almibarada. Distribuya el almíbar en 4 cuencos refractarios de 150 ml. Tamice sobre un cuenco 125 g de azúcar lustre, 60 g de harina y $1/4$ de cucharadita de levadura en polvo y mezcle con 70 g de almendras molidas. Añada 3 claras de huevo, 1 cucharadita de extracto de vainilla natural, 2 cucharaditas de cáscara de lima finamente rallada y 80 g de mantequilla y mezcle bien. Distribuya la mezcla en los cuencos. Hornee los budines en el horno precalentado a 160 °C de 20-22 minutos, o hasta que estén dorados. Déjelos enfriar 10 minutos antes de servirlos calientes acompañados de crema batida. La cantidad es suficiente para 4 personas.

negritos de almendras

tarta de ciruelas y almendras . . . . para 8 personas

EL PLACER DE ESTA TARTA RESIDE TANTO EN COCINARLA COMO EN DEGUSTARLA. NO IMPORTA QUE LA PASTA QUEDE IMPECABLE NI QUE LAS CIRUELAS ESTÉN PERFECTAMENTE DISTRIBUIDAS. EL RESULTADO SERÁ SIEMPRE UNA DELICIOSA COMBINACIÓN DE FRUTAS Y FRUTOS SECOS.

pasta

harina	185 g
mantequilla	150 g, fría y en dados
azúcar blanquilla	55 g
crema ácida	1 cucharada

relleno

mantequilla	125 g
azúcar blanquilla	115 g
huevos	2, a temperatura ambiente
almendras molidas	100 g
harina	2 cucharadas
ciruelas	8-10, partidas y deshuesadas
crema o helado	para acompañar

Para preparar la pasta, introduzca la harina, la mantequilla y el azúcar en un robot y acciónelo varias veces hasta que la mezcla adquiera la textura de unas migas finas. Incorpore la crema ácida y accione de nuevo hasta que la mezcla forme una bola. Cúbrala con película de plástico y conserve en el frigorífico 20 minutos.

Precaliente el horno a 200 °C y unte con mantequilla un molde de base desmontable de 23 cm de diámetro y 2 cm de profundidad.

Extienda la pasta dándole 3 mm de grosor y forre con ella el molde. Pinche el fondo de la base con un tenedor y consérvela en el frigorífico 30 minutos. Forre el fondo de tarta con papel sulfurizado y ponga encima unas legumbres secas o arroz crudo. Hornee 15 minutos, retire el papel y las legumbres y vuelva a introducir en el horno otros 5-7 minutos para asegurarse de que la pasta esté crujiente. Déjela enfriar. Baje la temperatura del horno a 180 °C.

Para preparar el relleno, bata la mantequilla y el azúcar con una batidora eléctrica hasta que la mezcla blanquee y esté esponjosa. Incorpore los huevos de uno en uno, sin dejar de batir. Añada las almendras molidas y la harina. Extienda la mezcla de almendras sobre el fondo de pasta y cubra con las mitades de ciruela con el corte hacia abajo. Hornee de 25-30 minutos o hasta que el relleno haya cuajado y esté dorado. Sirva la tarta caliente o a temperatura ambiente acompañada de crema o helado.

Añada las almendras molidas una vez haya incorporado los huevos.

Extienda el relleno uniformemente sobre el fondo de tarta.

Coloque las ciruelas con el lado cortado hacia abajo sobre el relleno.

tronco de *ganache* de chocolate . . . . para 8–10 personas

UNA *GANACHE* ESTÁ CONSTITUIDA, BÁSICAMENTE, POR UN GLASEADO A BASE DE CREMA Y CHOCOLATE. AMBOS SE CA-
LIENTAN HASTA QUE EL CHOCOLATE SE FUNDE Y, POSTERIORMENTE, LA MEZCLA SE DEJA ENFRIAR Y EXTIENDE SOBRE UN
BIZCOCHO. ESTE POSTRE ES DELICIOSO Y DEBE APRECIARSE CON GUSTO.

bizcocho

mantequilla	200 g, a punto de pomada
azúcar	150 g
huevos	6, a temperatura ambiente, separadas las claras de las yemas
almendras molidas	125 g
chocolate negro	150 g, picado y fundido

ganache

crema de leche espesa	150 ml
chocolate negro	225 g, picado
gránulos de café instantáneo	2 cucharaditas

Para preparar el bizcocho, precaliente el horno a 180 °C. Unte con mantequilla y forre un molde para brazo de gitano de 25 x 30 cm.

Bata la mantequilla y el azúcar con la batidora eléctrica de varillas hasta que la mezcla blanquee y esté esponjosa. Añada los huevos de uno en uno, sin dejar de batir. Incorpore las almendras molidas y el chocolate fundido. Bata, en otro cuenco, las claras hasta que estén a punto de nieve e incorpórelas con cuidado en la mezcla de chocolate.

Extienda la mezcla en el molde y hornee 15 minutos. Baje la tempera- tura del horno a 160 °C y hornee otros 30-35 minutos, o hasta que, al insertar una broqueta en el centro del pastel, salga limpia. Vuelque el bizcocho sobre una rejilla para que se enfríe.

Para preparar la *ganache*, ponga la crema y el chocolate en un cuenco refractario dispuesto sobre un cazo pequeño con agua sin que llegue a hervir; asegúrese de que la base del cuenco no toca el agua. Re- mueva hasta que ambos queden ligados. Incorpore el café y mezcle. Retire del fuego y deje enfriar 2 horas, o hasta que la mezcla se haya espesado y pueda extenderse.

Corte el bizcocho longitudinalmente en tres partes iguales. Coloque una sobre la fuente de servicio y cúbrala con una capa de *ganache*. Cubra con otra capa de bizcocho y otra de *ganache*, seguidas del resto del pastel. Conserve en el frigorífico durante 30 minutos para que cuaje ligeramente. Cubra la superficie y los lados de la prepara- ción con el resto de *ganache* y reserve en el frigorífico 3 horas, o du- rante toda la noche.

Mezcle las almendras y el chocolate con la mezcla de bizcocho.

Extienda la masa homogéneamente sobre el molde.

tarta de yogur, higos y avellanas

. . . . para 6–8 personas

A DIFERENCIA DE MUCHAS TARTAS, QUE EMPLEAN FRUTOS SECOS, MANTEQUILLA Y HARINA COMO RELLENO, ESTA TARTA MEDITERRÁNEA LLEVA YOGUR Y UNA PROPORCIÓN DE HUEVOS MÁS GENEROSA DE LO NORMAL PARA OBTENER UNA TEXTURA JUGOSA. EL SABOR LIGERAMENTE ÁCIDO DEL RELLENO CONTRASTA CON LA INTENSIDAD DE LOS HIGOS.

pasta

harina	150 g
avellanas molidas	80 g
mantequilla	90 g, en dados
yema de huevo	1, a temperatura ambiente

relleno

huevos	3, a temperatura ambiente
yemas de huevo	2, a temperatura ambiente
azúcar blanquilla	125 g
vainas de vainilla	2, partidas a lo largo
yogur griego	200 g
maicena	30 g
harina	30 g
higos	7, en rodajas
avellanas tostadas y peladas	100 g, picadas en grandes trozos
crema de leche espesa	para acompañar

Para preparar la pasta, introduzca la harina, las avellanas, la mantequilla y una pizca de sal en un robot y accione el aparato hasta que la mezcla adquiera la textura de unas migas. Incorpore la yema y 1 cucharada de agua fría. Bata hasta que la mezcla forme una bola; añada un poco más de agua si la masa quedara demasiado seca. Tápela con película de plástico y consérvela en el frigorífico 30 minutos.

Precaliente el horno a 180 °C. Unte ligeramente con mantequilla una tartera de 23 cm de diámetro. Extienda la pasta con un grosor de 3 mm sobre la superficie de trabajo ligeramente espolvoreada con harina. Pase cuidadosamente la pasta al molde, pinche la base con un tenedor y conserve en el frigorífico 10 minutos. Pase el rodillo sobre los bordes de la tarta para retirar el exceso de pasta.

Para preparar el relleno, bata, en un cuenco, los huevos, las yemas y el azúcar hasta que éste se haya disuelto. Raspe las semillas de la vainilla sobre la preparación anterior y añada el yogur; mezcle. Vierta en el fondo de tarta y cubra con los higos en rodajas y las avellanas picadas. Hornee de 18-20 minutos, o hasta que el relleno haya cuajado. Deje enfriar la tarta dentro del recipiente, desmóldela y sírvala a temperatura ambiente. Acompáñela con crema batida.

Bata los huevos y el azúcar hasta que éste se disuelva.

Vierta la mezcla de yogur en el fondo de tarta.

Coloque las rodajas de higo y las avellanas sobre el relleno.

pastel de ciruelas invertido . . . . para 8 personas

INVERTIR UN PASTEL SIEMPRE CONLLEVA CIERTO MISTERIO AL DESMOLDARLO. SI LE RESULTA DIFÍCIL DESHUESAR LAS CIRUELAS, SIMPLEMENTE CÓRTELAS POR LA MITAD.

ciruelas	450 g
azúcar moreno	30 g
mantequilla	100 g, a punto de pomada
azúcar blanquilla	250 g
huevos	4, a temperatura ambiente
extracto de vainilla natural	1 cucharadita
naranja	1, cáscara rallada
cápsulas de cardamomo	6, semillas retiradas y machacadas
harina	150 g
almendras molidas	150 g
levadura en polvo	2 cucharaditas
crema de leche espesa	para acompañar

Precaliente el horno a 180 °C, unte con mantequilla y forre con papel sulfurizado un molde de base desmontable de 23 cm de diámetro.

Corte las ciruelas por la mitad y extraiga el hueso. Espolvoree el fondo de tarta con el azúcar moreno y coloque las ciruelas sobre el azúcar, con el lado cortado hacia abajo.

Bata la mantequilla y el azúcar con la batidora de varillas hasta que la mezcla adquiera una textura ligera y esponjosa. Incorpore los huevos, uno a uno, sin dejar de batir. Añada la vainilla, la cáscara de naranja, las semillas de cardamomo, la harina, las almendras molidas y la levadura en polvo. Extienda la preparación sobre las ciruelas y alise la superficie con una espátula.

Hornee 50 minutos o hasta que, al insertar una broqueta en el centro del pastel, salga limpia. Deje enfriar 5 minutos antes de desmoldar el pastel sobre una fuente. Acompañe con crema batida espesa.

Al igual que ocurre con otras muchas especias, el cardamomo tiene la reputación de exótico, aunque se encuentra fácilmente. Masticado por los antiguos egipcios para refrescar la boca, e introducido en los países escandinavos por los mercaderes vikingos, la planta es originaria de la India y Sri Lanka. Las cápsulas, el fruto seco de la planta, contienen las preciadas semillas, aromáticas y de sabor dulce y cálido. No adquiera el falso cardamomo: compre las cápsulas de cardamomo verdes de la India. No es extraño que los cocineros indios empleen el cardamomo, aunque esta especia también se utiliza mucho en Oriente Medio para aromatizar el café. Las cápsulas pueden emplearse enteras y las semillas enteras o molidas.

helado de chocolate y pacanas .... para 6–8 personas

UN HELADO CREMOSO DE CHOCOLATE NO NECESITA QUE SE LE AÑADA MÁS CANTIDAD DE CHOCOLATE; NO OBSTANTE, ESTAS CINTAS SON DECORATIVAS Y FÁCILES DE PREPARAR. SI ELABORA MÁS DE LAS QUE NECESITA, PUEDE GUARDARLAS EN UN RECIPIENTE HERMÉTICO, O SABOREARLAS RÁPIDAMENTE.

leche	125 ml
vaina de vainilla	1, partida a lo largo
crema de leche espesa	375 ml
azúcar blanquilla	90 g
chocolate con leche	125 g, rallado
yemas de huevo	2, a temperatura ambiente
pacanas	50 g, picadas
chocolate negro	150 g

Vierta la leche en un cazo de fondo grueso. Raspe las semillas de vainilla sobre el cazo y añada la vaina. Incorpore 125 ml de la crema de leche y caliente a fuego medio por debajo del punto de ebullición. Añada el azúcar y el chocolate con leche rallado y mezcle, sin hervir, hasta que todo quede ligado.

Ponga las yemas en un cuenco refractario y bátalas. Añada la mezcla de crema y mezcle bien. Coloque el cuenco sobre un cazo con agua sin que llegue a hervir y asegúrese de que la base del cuenco no toca el agua. Remueva unos 20 minutos o hasta que la crema esté lo suficientemente espesa para cubrir el dorso de una cuchara. Cuele la crema sobre un recipiente de plástico o metálico de 750 ml de capacidad y conserve en el frigorífico durante 30 minutos.

Bata el resto de la crema hasta que forme picos blandos y, posteriormente, mézclela cuidadosamente con la preparación anterior. Introduzca en el congelador de 1 $\frac{1}{2}$-2 horas o hasta que el helado empiece a cuajar. Bata bien con la batidora eléctrica de varillas para romper los cristales de hielo e introduzca de nuevo en el congelador hasta que el helado empiece a solidificarse. Bata bien y mezcle con las pacanas. Introduzca en el congelador hasta que el helado se solidifique.

Pase un pelador de hortalizas por la tableta de chocolate para obtener cintas de chocolate. Forme bolas de helado, póngalas en las copas de servicio y cubra con las cintas de chocolate.

Mezcle homogéneamente el chocolate y el azúcar con la crema.

Utilice un pelador de hortalizas para obtener cintas de chocolate.

budines de moras al vapor
con crema inglesa... para 8 personas

LA CLAVE DE UNA CREMA INGLESA ATERCIOPELADA ES LA PACIENCIA. ESTOS RECONFORTANTES BUDINES PROPORCIONAN UNA BUENA OPORTUNIDAD DE PRACTICAR. BATA LENTAMENTE LA LECHE CON LAS YEMAS DE HUEVO Y CUEZA LA CREMA A FUEGO LENTO. CUANDO LA HAYA PREPARADO, VIÉRTALA SOBRE UN CUENCO CON AGUA HELADA PARA DETENER LA COCCIÓN.

mantequilla	125 g, a punto de pomada
azúcar blanquilla	125 g
huevos	2, a temperatura ambiente
harina con levadura	125 g, tamizada
leche	2 cucharadas
moras	250 g

crema inglesa

leche	325 ml
yemas de huevo	4, a temperatura ambiente
azúcar blanquilla	80 g

Precaliente el horno a 180 ºC y unte con mantequilla 8 flaneras de 125 ml.

Con la ayuda de la batidora eléctrica de varillas, bata la mantequilla y el azúcar hasta que la mezcla adquiera una textura ligera y esponjosa. Añada los huevos de uno en uno, sin dejar de batir. Incorpore poco a poco la harina tamizada y la leche suficiente para adquirir cierta consistencia.

Cubra la base de los moldes con una capa de moras. Llénelos hasta tres cuartas partes de su altura con la mezcla de budín. Cúbralos con papel de aluminio y séllelos. Colóquelos en una fuente para asar y vierta el agua caliente suficiente hasta llegar a la mitad de su altura. Hornee de 30-35 minutos, o hasta que los budines cedan ligeramente a la presión de los dedos.

Mientras, para preparar la crema inglesa, caliente la leche por debajo del punto de ebullición y resérvela. Bata las yemas de huevo y el azúcar con la batidora eléctrica de varillas hasta que blanqueen y espesen. Incorpore lentamente, y sin dejar de batir, la leche caliente y vierta la mezcla en un cazo. Cueza a fuego lento, y sin dejar de remover, de 5-7 minutos, o hasta que la crema esté lo suficientemente espesa para recubrir el dorso de una cuchara. Retire del fuego.

Para servir, desmolde los budines sobre los platos de servicio y vierta por encima la crema inglesa.

Llene los moldes hasta tres cuartas partes de su capacidad.

Vierta agua hirviendo en la fuente, alrededor de los moldes.

pastel de polenta y fruta de la pasión......... para 8-10 personas

LA POLENTA, QUE SE OBTIENE A PARTIR DE LA MAICENA, APORTA UN DELICIOSO TONO DORADO A ESTE PASTEL. JUNTO CON LAS ALMENDRAS, OFRECE UN PERFECTO CONTRASTE A LOS SABORES ÁCIDOS DE LOS CÍTRICOS Y LA FRUTA DE LA PASIÓN. NECESITARÁ UNAS SEIS FRUTAS DE LA PASIÓN GRANDES PARA PREPARAR ESTA RECETA.

huevos	6, a temperatura ambiente
azúcar blanquilla	150 g
naranjas	2, cáscara rallada
zumo de fruta de la pasión	125 ml
extracto de vainilla natural	2 cucharaditas
almendras tostadas	150 g
polenta fina	150 g
harina con levadura	150 g
crema batida	para acompañar

almíbar

naranjas	2, cáscara y zumo
fruta de la pasión	2
miel de azahar	90 g

salsa de whisky y mantequilla

miel	90 g
whisky	60 ml
mantequilla	50 g, fría y en dados

Precaliente el horno a 170 °C y unte con mantequilla un molde de fondo desmontable de 24 cm de diámetro.

Bata las claras en un cuenco grande hasta que estén firmes. En otro cuenco, bata las yemas y el azúcar hasta que estén espumosas y blanqueen. Añada la cáscara de naranja, el zumo de fruta de la pasión y la vainilla y bata hasta que la mezcla quede homogénea.

Introduzca las almendras en el robot y muélalas. Añada la polenta y la harina y mezcle bien.

Con la ayuda de una cuchara de metal, incorpore una cucharada grande de claras batidas a la mezcla de fruta de la pasión y luego añada el resto de las claras. Incorpore la preparación de almendras y vierta la mezcla en el molde. Hornee de 30-35 minutos o hasta que, al insertar una broqueta en el centro del pastel, salga limpia y caliente. Deje enfriar el pastel 15 minutos, y vuélquelo sobre una rejilla metálica para que se enfríe durante 1 hora, como mínimo.

Para preparar el almíbar, ponga, en un cazo pequeño, la cáscara de naranja, el zumo de naranja, el zumo de fruta de la pasión y la miel. Lleve a ebullición a fuego medio, baje el fuego y cueza 5 minutos a fuego lento.

Pase el pastel a una fuente y pínchelo en diversos lugares con una broqueta metálica fina. Vierta, aproximadamente, un cuarto del almíbar caliente por encima, y, posteriormente, añada el resto una vez se haya absorbido. Deje reposar 1 hora.

Para preparar la salsa de whisky y mantequilla, ponga la miel y el whisky en un cazo y lleve a ebullición a fuego medio-bajo. Baje el fuego y cueza 1 minuto a fuego lento. Vaya añadiendo la mantequilla en dados; espere a que cada uno se derrita antes de añadir el siguiente.

Corte el pastel en porciones, y acompáñelo con la crema montada y la salsa.

Mezcle con cuidado al incorporar la preparación de fruta de la pasión.

Deje que el almíbar se absorba antes de añadir más.

la pasta quebrada perfecta

La pasta quebrada se prepara con harina, grasa y agua y puede enriquecerse con yema de huevo. Es importante utilizar el líquido suficiente para que la pasta se mantenga unida, ya que si estuviera demasiado húmeda, podría endurecerse y encogerse durante el horneado, y, si estuviera demasiado seca, adquiriría una consistencia desmenuzable.

El secreto de una pasta quebrada perfecta reside en trabajar rápidamente, con ingredientes fríos, y en una estancia también fría. Un mármol frío es la superficie de trabajo ideal, aunque también puede trabajar en una bandeja a la que precisamente se le habrán puesto cubitos de hielo durante unos minutos para que se enfríe.

Tamice 185 g de harina sobre un cuenco grande y añada 100 g de mantequilla fría en dados. Con la ayuda de las yemas de los dedos, amase la mantequilla con la harina hasta que la mezcla forme migas. Practique un hueco en el centro, añada 2-4 cucharadas de agua fría y utilice un cuchillo paleta para mezclar hasta obtener una masa blanda, pero no pegajosa. Utilice un movimiento cortante, en lugar de remover, y dé vueltas al cuenco con la otra mano. Para comprobar si la masa necesita más agua, tome un poco entre los dedos; si no se mantiene unida, añada un poco más de agua.

Forme una bola con la masa y pásela a la superficie de trabajo espolvoreada con harina o colóquela sobre una lámina de papel sulfurizado. Presione la masa suavemente con unos pocos movimientos. Déle forma de disco, envuélvala en plástico y consérvela en el frigorífico 20 minutos.

Extienda la masa con el rodillo sobre la superficie de trabajo ligeramente espolvoreada con harina, o entre dos láminas de papel sulfurizado y trabaje desde dentro hacia fuera, rotando la pasta, en lugar de extenderla hacia delante y hacia atrás. Si trabaja sobre una superficie, enrolle la pasta en torno al rodillo y levántela sobre el molde, asegurándose de que se encuentra centrada. Si utiliza papel, retire la parte superior; luego dé la vuelta a la pasta en el molde, asegurándose de que se encuentra centrada, y retire la lámina inferior. Una vez la pasta esté en el molde, levántela por los bordes. Presiónela contra el fondo y las paredes del molde. Consérvela en el frigorífico 15 minutos, como mínimo, para evitar que se encoja y, posteriormente, pase el rodillo por el borde del molde para retirar el exceso de pasta. Estas cantidades son suficientes para forrar un molde de 23 cm de diámetro.

tarta de chocolate blanco y negro . . . . para 12 personas

ESTE POSTRE RESULTA ADECUADO PARA UNA OCASIÓN ESPECIAL. AFORTUNADAMENTE, GRAN PARTE DEL TRABAJO DEBE REALIZARSE EL DÍA ANTERIOR. ES PREFERIBLE SERVIR CON CAFÉ ESTA RICA Y CREMOSA TARTA REPLETA DE CHOCOLATE.

pasta

mantequilla	90 g, a temperatura ambiente
azúcar blanquilla	55 g
huevo	1, a temperatura ambiente, ligeramente batido
harina	185 g
harina con levadura	30 g
cacao en polvo	1 cucharada

relleno

láminas de gelatina	2 x 6 g, o 2 cucharaditas de gelatina en polvo
leche	200 ml
azúcar blanquilla	115 g
chocolate blanco de calidad	80 g, picado
yemas de huevo	4, a temperatura ambiente, ligeramente batidas
crema de leche espesa	250 ml, batida hasta que forme picos blandos

glaseado de chocolate

crema de leche espesa	60 ml
chocolate negro de calidad	80 g, picado
mantequilla	10 g, en dados
glucosa líquida	2 cucharaditas

Precaliente el horno a 190 °C. Unte ligeramente con mantequilla un molde de base desmontable de 20 cm de diámetro y forre la base.

Para preparar la pasta, bata la mantequilla con una batidora eléctrica de varillas hasta que esté esponjosa. Incorpore, sin dejar de batir, el azúcar y el huevo. Tamice las harinas y el cacao y remueva hasta que la masa tenga una textura homogénea. Amase sobre la superficie de trabajo espolvoreada con harina. Aplane la masa formando un disco, envuélvala en película de plástico y consérvela en el frigorífico 30 minutos.

Extienda la pasta entre dos láminas de papel sulfurizado hasta que adquiera 8 mm de grosor y recórtela para que encaje en la base del molde. Introdúzcala en el molde, retire el papel y pinche el fondo con un tenedor. Hornee 15 minutos. Deje enfriar.

Para preparar el relleno, remoje las láminas de gelatina en agua fría 5 minutos, o hasta que se ablanden, o ponga 2 cucharadas de agua en un cuenco pequeño y vierta la gelatina en polvo. Caliente la leche, el azúcar y el chocolate en un cazo por debajo del punto de ebullición. Remueva hasta que el azúcar se haya disuelto y el chocolate se haya fundido. Ponga las yemas en un cuenco y bátalas con la mezcla de chocolate caliente. Vierta la mezcla en un cazo limpio y remueva a fuego medio hasta que recubra ligeramente el dorso de una cuchara. Añada las láminas de gelatina o la gelatina en polvo y remueva hasta que se haya disuelto. Vierta la mezcla en un cuenco, colóquelo sobre otro recipiente con hielo y bata hasta que se enfríe. Añada la crema. Vierta la mezcla sobre la pasta y conserve en el frigorífico toda la noche, o hasta que se solidifique.

Para preparar el glaseado de chocolate, ponga la crema, el chocolate, la mantequilla y la glucosa en un cazo y remueva a fuego medio bajo hasta que adquiera una textura homogénea. Deje que el glaseado se enfríe ligeramente, hasta que se espese.

Retire la tarta del molde y extienda el glaseado por encima, dejando que caiga a los lados. Utilice una espátula de metal para alisar el glaseado sobre la superficie de la tarta. Reserve a temperatura ambiente hasta que el glaseado se haya solidificado.

pastel de queso y jengibre con ciruelas escalfadas al sauternes

. . . . para 8 personas

ESTA RECETA OFRECE UN TOQUE INESPERADO A LOS SABORES TRADICIONALES DEL PASTEL DE QUESO. SE TRATA DE UN PASTEL CREMOSO AL QUE SE LE HA AÑADIDO UN TOQUE ESPECIADO GRACIAS A LA MEZCLA DE JENGIBRE, TANTO DE LA BASE COMO DEL RELLENO. LAS CIRUELAS, DULCES, AFRUTADAS Y DORADAS, PROPORCIONAN MÁS SABOR Y TEXTURA.

galletas de jengibre	125 g
mantequilla	30 g, derretida
gelatina en polvo	2 cucharaditas
agua hirviendo	60 ml
queso en crema	500 g
leche condensada	400 g
jengibre en almíbar	2 trozos, picados, y 60 ml de almíbar
ciruelas	350 g
vino sauternes	
u otro vino dulce licoroso	100 ml
azúcar blanquilla	2 cucharadas

Introduzca las galletas de jengibre en el robot y triture hasta que queden reducidas a migas. Ponga las migas en un cuenco y mézclelas con la mantequilla derretida. Distribuya la mezcla en un molde de base desmontable de 20 cm de diámetro; presione firmemente para obtener la base. Introduzca en el frigorífico 30 minutos.

Disuelva la gelatina en el agua hirviendo. Introduzca el queso en crema, la leche condensada, el jengibre, el almíbar y la mezcla de gelatina en el robot y bata hasta que adquiera una textura homogénea. Vierta sobre la base fría y conserve en el frogirífico 3 horas.

Corte las ciruelas por la mitad y deshuéselas. Mezcle el sauternes y el azúcar en un cazo y añada las ciruelas formando una capa. Escalfe lentamente las ciruelas durante 4 minutos y déjelas enfriar.

Coloque las ciruelas sobre el pastel con la cara cortada hacia arriba y rocíe con el líquido del escalfado.

El jengibre es un rizoma de color crema de una planta tropical. Quizás no tenga el linaje del azafrán o el agua de rosas, o el encanto exótico de las vainas de vainilla y la canela, pero es indispensable en la cocina. Su valor estriba no sólo en que posee un aroma vivo y refrescante, sino también en sus propiedades medicinales. El jengibre es originario del sureste asiático, donde se usa tanto en platos dulces como salados. Sin embargo, se utiliza en muchas cocinas. Se encuentra disponible todo el año tanto fresco como seco, en polvo, cristalizado o en almíbar.

mousse de fruta de la pasión con almíbar de uvas negras
.... para 10 personas

LOS SABORES Y COLORES DE LOS POSTRES NO DEBEN ATENUARSE SÓLO PORQUE ES OTOÑO. ESTA RECETA COMBINA EL SABOR VIVO Y ÁCIDO DE LA *MOUSSE* AROMATIZADA CON LA FRUTA DE LA PASIÓN CON EL ALMÍBAR DULCE DE LAS UVAS. NECESITARÁ UNAS 20 FRUTAS DE LA PASIÓN FRESCAS O 2 LATAS DE PULPA DE FRUTA DE LA PASIÓN DE 170 G CADA UNA.

huevos	4, a temperatura ambiente
azúcar blanquilla	175 g, más 2 cucharadas
zumo de fruta de la pasión	185 ml, colado
gelatina en polvo	2 cucharadas
agua caliente	60 ml
crema de leche espesa	300 ml
brandy de cerezas, como Kirsch	60 ml
extracto de vainilla natural	1 cucharadita
uvas rojas sin pepitas	200 g

Ponga las yemas de huevo y 175 g de azúcar en un cuenco refractario y bata con la batidora eléctrica de varillas hasta que la mezcla blanquee y forme espuma. Mézclela con el zumo de fruta de la pasión. Coloque el cuenco sobre un cazo con agua sin que llegue a hervir y asegúrese de que la base del cuenco no toca el agua. Remueva de 6-8 minutos, o hasta que la mezcla esté lo suficientemente espesa para recubrir el dorso de una cuchara de madera.

Disuelva la gelatina en el agua caliente y añádala a la mezcla de fruta de la pasión. Deje enfriar.

Bata la crema hasta que esté montada. En otro cuenco, bata las claras hasta que estén a punto de nieve. Mezcle la crema montada y las claras con la mezcla de fruta de la pasión. Vierta en 10 moldes de 125 ml e introduzca en el frigorífico 4 horas o hasta que cuaje.

Mientras, ponga 125 ml de agua, el brandy, las 2 cucharadas de azúcar y la vainilla en un cazo pequeño. Remueva a fuego lento hasta que el azúcar se haya disuelto, suba el fuego y cueza 12 minutos a fuego lento. Retire del fuego, añada las uvas y deje enfriar.

Para servir, sumerja la base de cada recipiente en agua caliente durante 5 segundos y desmolde la *mousse* en un plato. Acompañe con las uvas y un poco de almíbar.

Mezcle el zumo de fruta de la pasión con el azúcar y los huevos.

Cueza la mezcla a fuego lento hasta que recubra el dorso de la cuchara.

Reparta la mezcla de fruta de la pasión entre los moldes.

tarta de peras tatin .... para 6 personas

ESTE POSTRE ES UN CLÁSICO CON TODOS LOS HONORES. ES FÁCIL DE PREPARAR Y TIENE UN ASPECTO FANTÁSTICO. UTILICE PERAS FIRMES, COMO LA BLANQUILLA, DE CARNE BLANCA Y PRIETA. TAMBIÉN PUEDE EMPLEAR PERAS COMICE.

mantequilla	50 g, picada
azúcar blanquilla	90 g
peras blanquilla	5
pacanas	9
pasta hojaldrada congelada	2 láminas, descongelada
helado de crema o vainilla	para acompañar

Ponga la mantequilla y el azúcar en un molde para tarta tatin o en una sartén de fondo grueso y mango refractario. Caliente a fuego lento y sin remover durante 1 minuto, o hasta que el azúcar se haya caramelizado y dorado. No se preocupe si la mantequilla se separa. Retire del fuego.

Pele, corte por la mitad y elimine el corazón de las peras; deje los tallos intactos. Coloque las peras, con la cara cortada hacia arriba, formando un círculo sobre el caramelo y con los tallos mirando hacia el centro. Coloque media pera en el centro y llene los huecos con las pacanas. Tape y cueza las peras a fuego lento 20 minutos o hasta que adquieran una textura blanda.

Precaliente el horno a 190 ºC. Extienda una lámina de pasta sobre la otra y pase por encima el rodillo para que se unan y aumenten su diámetro alrededor de 1-2 cm. Recorte la pasta formando un círculo 2,5 cm mayor que la parte superior del molde y coloque encima de las peras. Quite los bordes de la pasta entre las peras y el molde.

Hornee 20 minutos o hasta que la pasta esté dorada. Escurra cuidadosamente el jugo del molde sobre un cazo pequeño y cueza a fuego lento de 4-5 minutos o hasta que se haya reducido y esté almibarado. Desmolde la tarta sobre una fuente de servicio y vierta la salsa reducida por encima. Sirva rápidamente acompañada de crema o helado de vainilla.

Coloque las peras en el molde con el lado cortado hacia arriba.

Extienda la pasta sobre las peras y oculte los bordes.

invierno

No existen medias tintas en invierno, sino capas y capas de deliciosos ingredientes que satisfacen. Los budines de chocolate van acompañados de salsa de chocolate, y el pastel de chocolate, avellanas y naranja se sirve con una salsa de naranjas sanguinas. Los colores son vivos y dorados y los sabores maravillosamente reconfortantes, dulces e indulgentes. Es una verdadera lástima por las personas que deciden ponerse a dieta en invierno. Así, mientras preparaciones como las manzanas y fruta de la pasión con migas y los flanes de almendra y agua de rosas con ensalada de naranja y dátiles no tienen entre sus ingredientes ni crema ni chocolate, incluso los más hedonistas necesitan un cambio; no obstante, estas ligeras preparaciones no constituyen la base del capítulo. Por el contrario, la mayoría de las recetas de este capítulo tienen como objetivo que tanto usted como sus invitados finalicen una comida completamente satisfechos.

Muchas de las recetas son muy fáciles de preparar y resultan casi reconfortantes, ya que el énfasis radica en fundir el chocolate con cuidado, en caramelizar lentamente las manzanas en mantequilla y azúcar y en incorporar crema batida. Además, gran parte de los ingredientes, como huevos, crema de leche, harina, almendras, vainilla y chocolate, son familiares. El chocolate es el rey indiscutible de este capítulo, por lo que es importante que sea de buena calidad, particularmente cuando constituye el ingrediente clave de una receta. Elija chocolate con un 50 %, como mínimo, de cacao, y que no contenga grasas vegetales.

A casi todos nos gusta el chocolate con cualquier combinación; no obstante, dominan algunas preparaciones, como el chocolate con licores, con frutos secos como las avellanas y las almendras, con especias como la canela y con frutas como las naranjas. El invierno también es la temporada de las naranjas enanas o kumquats, así como de las naranjas sanguinas, frutas que marcan esta estación. Pruebe el *parfait* de miel con kumquats caramelizados, o cubra su budín favorito con una salsa de naranjas sanguinas al cardamomo. No se olvide, sin embargo, de los socorridos plátanos y manzanas, que resultan excelentes durante los meses fríos. En este sentido, destacan recetas como el *brioche* con manzanas caramelizadas y crema inglesa y los buñuelos de plátano con salsa de caramelo. Al igual que ocurre con muchos de los postres que llevan fruta, no es difícil sospechar que su propósito principal consiste en servir como fondo de una buena salsa. Cabe destacar los plátanos con salsa de caramelo, las naranjas con caramelo y las fresas con chocolate y licor.

budín de *brioche* y mantequilla............................. para 8 personas

SI ESTE POSTRE NO LE RECONFORTA EN UNA FRÍA NOCHE INVERNAL, NADA LO HARÁ. SI NO DISPONE DE *BRIOCHE*, UTILICE PAN BLANCO CON CORTEZA, CRUASANES E INCLUSO *PANETTONE*. PARA PREPARAR SU PROPIA SALSA DE CANELA, MEZCLE DOS PARTES DE AZÚCAR BLANQUILLA CON UNA PARTE DE CANELA MOLIDA.

jarabe de melaza dorado, maíz o miel	2 cucharadas
brioche o pan blanco con corteza	10 rebanadas de 2 cm de grosor
mantequilla	40 g, a punto de pomada
confitura de albaricoque	90 g
huevos	4, a temperatura ambiente
azúcar	90 g
leche	800 ml
extracto de vainilla natural	1 cucharadita
azúcar aromatizado con canela	½ cucharadita

salsa de caramelo

mantequilla	90 g
azúcar moreno blando	60 g
jarabe de melaza dorado, de maíz, o miel	2 cucharadas
crema de leche espesa	250 ml

Precaliente el horno a 180 ºC y unte ligeramente con mantequilla un molde refractario de 2,25 l de capacidad. Vierta el jarabe o miel en el fondo.

Unte las rebanadas de *brioche* o pan con mantequilla y la confitura de albaricoque y colóquelas a capas en el molde.

Bata bien, en un cuenco, los huevos, el azúcar, la leche y la vainilla. Vierta lentamente sobre las rebanadas de *brioche* y deje que vayan absorbiendo el líquido. Deje reposar 10 minutos para que el *brioche* absorba el líquido. Espolvoree con el azúcar a la canela y hornee 40 minutos, o hasta que, al insertar un cuchillo en el centro del budín, salga limpio.

Mientras, prepare la salsa de caramelo. Ponga la mantequilla, el azúcar moreno y el jarabe o la miel en un cazo pequeño y lleve a ebullición. Incorpore la crema, baje el fuego y cueza a fuego lento de 3-4 minutos.

Sirva la salsa de caramelo sobre el budín caliente.

El cultivo de la vaina de vainilla implica un importante trabajo, lo que explica su elevado precio. La polinización de la orquídea de la que se obtiene la vainilla es bastante costosa y ocurre mediante un proceso natural en México, de donde procede. Las vainas verdes se recolectan, se secan y se dejan fermentar. De esta forma se encogen y arrugan, de modo que adquieren un ligero recubrimiento de cristales de vainillina blanca, la fuente de su sabor. Las vainas de vainilla de calidad tienen un aroma cálido y no deben ser blandas ni estar duras o secas. La vainilla también se destila para obtener extracto de vainilla natural. No utilice sucedáneos.

buñuelos de plátano
con salsa de caramelo .... para 4 personas

ES FÁCIL COMPRENDER POR QUÉ ESTE FABULOSO POSTRE GUSTA TANTO A LOS NIÑOS. SIMPLEMENTE SE TRATA DE PLÁ-
TANO FRITO EN UNA ENVULTURA CRUJIENTE Y ACOMPAÑADO DE UNA SALSA DORADA DE CARAMELO. EL PLÁTANO CA-
LIENTE HUELE A GLORIA, LO QUE TAMBIÉN INCREMENTA EL VALOR DEL POSTRE. PUEDE CONSERVAR LA SALSA EN EL FRI-
GORÍFICO HASTA 2 SEMANAS.

salsa de caramelo

mantequilla	60 g
jarabe de melaza dorado o miel	115 g
azúcar moreno	60 g
azúcar blanquilla	55 g
crema de leche espesa	170 ml
extracto de vainilla natural	½ cucharadita

masa

harina con levadura incorporada	125 g
huevo	1, a temperatura ambiente
soda o agua carbónica	185 ml
mantequilla	20 g, derretida
aceite	para freír
plátanos firmes	4
azúcar lustre	para espolvorear
helado	para acompañar

Para preparar la salsa, ponga la mantequilla, el jarabe o miel y el azúcar moreno y blanquilla en un cazo pequeño. Remueva a fuego lento de
2-3 minutos, o hasta que el azúcar se haya disuelto. Suba el fuego un
poco y cueza a fuego lento de 3-5 minutos, teniendo cuidado de no que-
mar la salsa. Retire el cazo del fuego y mezcle con la crema y la vainilla.

Para preparar la masa, tamice la harina sobre un cuenco y practique
un hueco en el centro. Incorpore el huevo y el agua de soda o carbó-
nica y bata hasta obtener una mezcla homogénea. Incorpore, sin dejar de batir, la mantequilla derretida.

Llene con aceite un tercio de la altura de un cazo y caliéntelo a 200 ºC,
o hasta que, al dejar caer dentro un dado de pan, éste se dore en
5 segundos.

Corte cada plátano en tres trozos y sumérjalos en la masa por tandas.
Cubra el plátano con la masa ayudándose de una cuchara.

Con la ayuda de una espumadera, deje caer cuidadosamente el plátano en el aceite caliente; trabaje por tandas. Cueza cada tanda de
2-3 minutos; dé la vuelta a los buñuelos hasta que aumenten de tamaño y estén dorados. Escúrralos sobre papel de cocina.

Sirva los buñuelos calientes, espolvoreados con azúcar lustre. Acom-
páñelos con helado y la salsa de caramelo.

Derrita la mantequilla, los azúcares
y el jarabe o miel.

Sumerja los trozos de plátano
en la masa; trabaje por tandas.

pastel de chocolate y almendras al cardamomo . . . . para 8–10 personas

AUNQUE ESTE PASTEL NO PUEDE SER MÁS FÁCIL DE PREPARAR, EL SABOR NO ES MENOS INTENSO. EL CARDAMOMO MO-
LIDO, AL IGUAL QUE CUALQUIER ESPECIA, PUEDE PERDER SUS CUALIDADES AROMÁTICAS CON EL TIEMPO. ADQUIERA LAS
ESPECIAS EN UNA TIENDA ESPECIALIZADA Y MUÉLALAS USTED MISMO. LA CREMA ACIDIFICADA TIENE UN SABOR LIGERA-
MENTE ÁCIDO QUE COMPLEMENTA EL DULZOR DEL CHOCOLATE.

chocolate negro de calidad	250 g, picado
mantequilla	250 g, en trozos
extracto de vainilla natural	1 cucharadita
agua caliente	250 ml
azúcar blanquilla	175 g
huevos	3, a temperatura ambiente, ligeramente batidos
harina con levadura incorporada	165 g
almendras molidas	100 g
cardamomo molido	3 cucharaditas
azúcar lustre	30 g
crema acidificada o crema espesa	para acompañar

Precaliente el horno a 160 ºC. Unte con mantequilla un molde de base desmontable de 24 cm de diámetro.

Ponga el chocolate, la mantequilla, la vainilla y el agua caliente en un cuenco refractario. Colóquelo sobre un cazo con agua sin llegar a hervir y asegúrese de que la base del cuenco no toca el agua. Calien-te a fuego lento hasta que el chocolate se haya fundido. Retire del fuego y mezcle con el azúcar blanquilla. Añada los huevos y bata bien para que se mezclen.

Mezcle la harina tamizada, las almendras molidas y 2 cucharadi-tas del cardamomo, e incorpore esta preparación en la de chocola-te, sin dejar de batir, hasta obtener una mezcla homogénea. Vierta la mezcla en el molde y hornee 40 minutos, o hasta que, al insertar una broqueta en el centro del pastel, salga casi limpia. Deje enfriar el pas-tel en el molde 10 minutos; luego desmóldelo y colóquelo sobre una rejilla para que se enfríe.

Mezcle el resto del cardamomo con el azúcar lustre y espolvoree el pastel frío. Sírvalo con crema acidificada o crema batida.

Incorpore los ingredientes secos en la mezcla de chocolate.

Bata bien para mezclar el chocolate con los ingredientes secos.

Vierta la mezcla en un molde de base desmontable.

flan de naranja . . . . para 6 personas

SE TRATA DE CONSEGUIR UNA CREMA SEDOSA SIN QUE APAREZCAN BURBUJAS. MÁS FÁCIL DE DECIR QUE DE HACER, GE-
NERALMENTE, LA PRÁCTICA ES LA CLAVE. CONOZCA BIEN SU HORNO Y ANOTE LO QUE OCURRE. SI EL HORNO ESTÁ DEMA-
SIADO CALIENTE O CUECE EL FLAN DEMASIADO TIEMPO, PUEDEN PRODUCIRSE AGUJEROS EN EL INTERIOR.

naranjas	4 pequeñas
leche	250 ml
crema de leche espesa	250 ml
vaina de vainilla	1, partida por la mitad a lo largo
huevos	3, a temperatura ambiente
yemas de huevo	2, a temperatura ambiente
azúcar blanquilla	115 g

caramelo

azúcar blanquilla	350 g

Precaliente el horno a 160 °C y llene una fuente refractaria grande con agua hasta llegar a la mitad de su altura. Introduzca la fuente en el horno.

Ralle la cáscara de 2 naranjas y, posteriormente, pele todas las naranjas; retire las membranas y las semillas. Corte cada naranja en seis rodajas, retire las semillas y colóquelas en una fuente refractaria plana.

Para preparar el caramelo, ponga el azúcar y 185 ml de agua en un cazo pequeño a fuego medio. Remueva sin cesar durante 5 minutos, o hasta que el azúcar se haya disuelto. Pase un pincel húmedo por cualquier resto de cristales de azúcar depositados en las paredes del cazo. Cuando el azúcar se haya disuelto, suba el fuego y deje hervir, sin remover, de 6-7 minutos, o hasta que la mezcla adquiera un tono dorado.

Vierta el caramelo en la base de 6 moldes refractarios o flaneras de 185 ml y reserve 125 ml del caramelo. Rápidamente, mezcle 1 cucharada de agua con el caramelo reservado y viértalo sobre las naranjas cortadas en rodajas. Tape y conserve en el frigorífico.

Ponga la leche, la crema de leche, la vaina de vainilla y la cáscara de naranja en un cazo. Lleve a ebullición a fuego lento, retire del fuego e infusione 10 minutos. Bata los huevos, las yemas y el azúcar en un cuenco con una batidora eléctrica de varillas durante 2-3 minutos, o hasta que la mezcla blanquee y esté cremosa. Cuele la mezcla de leche sobre la de huevos y bátalas. Vierta esta mezcla en los moldes con el caramelo. Introduzca los moldes en la fuente con el agua y hornee 45 minutos, o hasta que, al insertar un cuchillo en el centro, salga limpio. Tape los moldes con papel de aluminio, si la superficie se dorara demasiado y asegúrese de que el papel no toca la superficie. Retire los moldes de la fuente y déjelos enfriar. Tápelos e introdúzcalos en el frigorífico durante varias horas o toda la noche.

Retire los flanes del frigorífico 30 minutos antes de servir. Desmolde los flanes en platos y sírvalos con las naranjas.

tarta de chocolate blanco . . . . para 6–8 personas

SE PREPARA CON INGREDIENTES COMO HUEVOS, AZÚCAR, CHOCOLATE, HARINA, CREMA Y QUESO *MASCARPONE*. AUNQUE ESTA TARTA ES MUY FÁCIL DE PREPARAR, ES DELICIOSA. SÍRVALA CON UN CAFÉ FUERTE.

huevos	3, a temperatura ambiente
azúcar blanquilla	80 g
chocolate blanco	80 g, picado y fundido
harina	60 g, tamizada
virutas o cigarrillos de chocolate blanco	para servir

cobertura

crema de leche espesa	150 ml
chocolate blanco	250 g, picado
queso *mascarpone*	125 g

Precaliente el horno a 180 °C y unte con mantequilla un molde de base desmontable de 20 cm de diámetro.

Bata los huevos y el azúcar con la batidora eléctrica de varillas hasta que la mezcla blanquee y esté esponjosa. Incorpore el chocolate blanco fundido y la harina tamizada. Vierta en el molde y hornee 20 minutos, o hasta que, al insertar una broqueta en el centro, salga limpia. Deje enfriar en el molde.

Para preparar la cobertura, ponga la crema y el chocolate blanco en un cazo. Remueva constantemente a fuego lento de 5-6 minutos, o hasta que el chocolate se haya fundido y la mezcla adquiera una textura homogénea. Retire del fuego y deje enfriar ligeramente. Mezcle el *mascarpone* con la preparación anterior.

Desmolde el pastel y cubra la superficie y los lados con la cobertura. Conserve en el frigorífico toda la noche, o hasta que la cobertura esté firme. Adorne con las virutas o cigarrillos de chocolate.

El proceso necesario para transformar el haba del cacao en un delicioso chocolate es largo y complicado. La tableta de chocolate, tan común en la actualidad, no fue perfeccionada hasta el año 1840. Las habas se fermentan, secan y tuestan; posteriormente, los granos se muelen con agua para obtener el licor de chocolate. De él se obtiene la manteca de cacao, así como una pasta que puede secarse para conseguir cacao en polvo. Es la manteca de cacao, que, junto con los granos molidos y otros ingredientes como el azúcar, da lugar al chocolate. El chocolate blanco se obtiene a partir de la manteca de cacao y los sólidos de la leche, aunque se diferencia tanto del chocolate con leche como del negro en que no contiene licor de chocolate.

parfait de miel
con kumquats caramelizados . . . . para 6 personas

LOS DORADOS KUMQUATS, CON EL ASPECTO DE PEQUEÑAS NARANJAS, TIENEN UN SABOR A LA VEZ DULCE Y ÁCIDO. TODA LA FRUTA ES COMESTIBLE, POR LO QUE NO ES NECESARIO PELARLA PARA COCERLA. ESTE HECHO ES INTERESANTE, YA QUE LA PIEL, Y NO LA CARNE, LE PROPORCIONA EL DULZOR.

miel	90 g
yemas de huevo	4, a temperatura ambiente
crema de leche espesa	300 ml, semimontada
licor de naranja, como Grand Marnier	1 cucharada
kumquats	500 g
azúcar blanquilla	350 g

Ponga la miel en un cazo pequeño y lleve a ebullición. Bata, en un cuenco, las yemas hasta que blanqueen y se espesen; vierta la miel poco a poco, sin dejar de batir. Incorpore con cuidado la crema y el licor. Vierta la mezcla en 6 moldes de 125 ml aptos para el congelador. Introduzca en el congelador 4 horas, o hasta que la mezcla esté firme.

Lave los kumquats y pinche las pieles con una broqueta. Inrodúzcalos en una cacerola amplia, cúbralos con agua hirviendo y cuézalos 20 minutos a fuego lento. Cuele las frutas y reserve 500 ml del líquido. Vierta el líquido en el recipiente, añada el azúcar y remueva a fuego medio hasta que se haya disuelto. Suba el fuego y hierva 10 minutos. Incorpore los kumquats y cueza 20 minutos a fuego lento, o hasta que adquieran una textura blanda y sus pieles estén lisas y brillantes. Retire del fuego y deje enfriar. Retire las frutas de su almíbar y resérvelas.

Para servir, sumerja los moldes en agua caliente de 5-10 segundos antes de desmoldar el *parfait* en los platos de servicio. Acompañe con los kumquats caramelizados, y vierta por encima un poco del almíbar.

Añada la miel hervida a las yemas sin dejar de batir.

Pinche la piel de los kumquats con una broqueta.

Cueza a fuego lento los kumquats hasta que la piel esté brillante.

budines de chocolate horneados
con salsa de chocolate . . . . para 6 personas

ESTOS BUDINES SE COCINAN EN TAN SÓLO 10 MINUTOS, PERO DEBEN SERVIRSE RÁPIDAMENTE PARA QUE SUS CENTROS CREMOSOS PUEDAN DEGUSTARSE BIEN. PARA LLEVARLOS EN PERFECTO ESTADO A LA MESA, TÉNGALO TODO PREPARADO ANTES DE EMPEZAR.

cacao en polvo	1 ½ cucharadas
chocolate negro de calidad	120 g, picado
mantequilla	120 g, a punto de pomada
huevos	3, a temperatura ambiente
yemas	2, a temperatura ambiente
azúcar blanquilla	55 g
harina	90 g

salsa de chocolate

chocolate negro de calidad	80 g, picado
crema de leche espesa	125 ml

Precaliente el horno a 180 ºC y unte con mantequilla 6 moldes de metal de 125 ml de capacidad. Espolvoréelos con el cacao en polvo.

Ponga el chocolate en un cuenco refractario dispuesto sobre un cazo pequeño con agua sin que llegue a hervir y asegúrese de que la base del cuenco no toca el agua. Deje que el chocolate se funda, y añada la mantequilla. Cuando ésta se haya derretido, mezcle para ligar los ingredientes y retire el cuenco del fuego.

Bata, en un cuenco grande, los huevos, las yemas y el azúcar con la batidora eléctrica de varillas hasta que la mezcla adquiera un color pálido y esté esponjosa. Incorpore con cuidado la mezcla de chocolate. Tamice por encima la harina y mezcle suavemente.

Reparta la mezcla en los moldes, dejando aproximadamente 1 cm en el borde para que los budines puedan aumentar de tamaño. Hornéelos 10 minutos, o hasta que la superficie esté firme y hayan aumentado de tamaño.

Mientras, prepare la salsa de chocolate; para ello, ponga el chocolate y la crema en un cuenco refractario pequeño, introdúzcalo en un cazo pequeño con agua sin que llegue a hervir y asegúrese de que la base del cuenco no toca el agua. Mezcle bien.

Para servir, pase un cuchillo alrededor de los moldes para desprender los budines y desmóldelos con cuidado en los platos de servicio. Vierta por encima la salsa de chocolate y sirva rápidamente.

Bata el azúcar con los huevos hasta que la mezcla esté cremosa.

Incorpore el chocolate fundido en la mezcla de huevos y azúcar.

tres formas de preparar salsas calientes

UNA SALSA DEBE TENER UNA CONSISTENCIA DE VERTIDO, Y ESTAS SALSAS ESTÁN ESPERANDO A QUE LAS VIERTA SOBRE UN POSTRE. LAS SALSAS TRADICIONALMENTE SE HAN UTILIZADO PARA REALZAR LOS SABORES DE LOS ALIMENTOS QUE ACOMPAÑAN; NO OBSTANTE, ESTAS SALSAS TIENEN SU PROPIA PERSONALIDAD. LA PRIMERA ES DULCE Y COLORIDA, LA SEGUNDA CREMOSA Y OPULENTA Y LA TERCERA SUAVE Y AROMÁTICA. TODAS CONSTITUYEN UNA FORMA SENCILLA DE TRANSFORMAR INGREDIENTES COMO LA FRUTA FRESCA Y LOS HELADOS EN POSTRES FABULOSOS.

salsa de naranjas sanguinas al cardamomo

Ralle la cáscara de 2 naranjas sanguinas y exprima el zumo. Mezcle 250 ml de agua con 250 g de azúcar en un cazo y remueva sin cesar a fuego medio hasta que el azúcar se haya disuelto. Añada la cáscara y el zumo y 5 cápsulas de cardamomo machacadas. Lleve a ebullición, baje el fuego y cueza 10 minutos a fuego lento, o hasta que la salsa haya adquirido una textura almibarada. Sírvala caliente. Esta salsa resulta deliciosa cuando se vierte sobre budines, crepes o macedonias de frutas. La cantidad es suficiente para 300 ml.

salsa de chocolate y Baileys

Ponga, en un cuenco refractario, 100 g de chocolate negro de calidad en trozos, 30 g de mantequilla, 60 ml de licor de crema irlandesa, como Baileys, y 185 ml de crema de leche espesa. Coloque el cuenco sobre un cazo con agua sin que llegue a hervir y asegúrese de que la base del cuenco no toca el agua. Caliente hasta que el chocolate se haya fundido. Retire del fuego y mezcle bien. Esta salsa es perfecta para fresas, helados o pasteles de queso. La cantidad es suficiente para 375 ml.

salsa de peras a la canela

Pele, quite el corazón y pique 3 peras casi maduras y póngalas en un cazo con 350 ml de agua, 225 g de azúcar, el zumo de $1/2$ limón y 2 trozos de canela en rama. Lleve a ebullición, baje el fuego y deje cocer 10 minutos a fuego lento, o hasta que las peras adquieran un textura blanda. Retire los trozos de canela. Reduzca a puré la salsa en la batidora hasta que esté homogénea. Sírvala caliente. Esta salsa resulta especialmente adecuada para helados, frutas frescas o budines. La cantidad es suficiente para 750 ml.

salsa de naranjas sanguinas al cardamomo

budines de arroz y coco con manzanas al azafrán

.... para 4 personas

ESTE CREMOSO POSTRE CON SU DELICIOSA COBERTURA DE MANZANAS CONVENCERÁ A TODOS DE LAS VIRTUDES DEL BUDÍN DE ARROZ. LAS MANZANAS NO SE SUELEN COMBINAR CON COCO O ARROZ, PERO AL FUSIONARLAS CON LAS CUALIDADES AROMÁTICAS DE LA CANELA Y EL AZAFRÁN LAS TRANSPORTAMOS A LOS TRÓPICOS.

arroz de grano redondo	140 g
leche	250 ml
crema de coco ligera	270 ml
mantequilla	20 g
azúcar blanquilla	2 ½ cucharadas

manzanas al azafrán

manzanas rojas	3 pequeñas
zumo de manzana	185 ml
canela en rama	1 trozo
hebras de azafrán	una pizca
azúcar moreno	50 g

Ponga el arroz, la leche, la crema de coco y 100 ml de agua en una cacerola de fondo grueso a fuego medio-bajo. Lleve a ebullición, baje el fuego y cueza a fuego lento de 15-20 minutos; remueva a menudo para evitar que el arroz se adhiera. Incorpore, sin dejar de remover, la mantequilla y el azúcar.

Mientras, para preparar las manzanas al azafrán, pélelas y elimine el corazón y, posteriormente, córtelas en láminas. Ponga las láminas de manzana, el zumo, la canela, el azafrán y el azúcar moreno en un cazo a fuego medio-bajo. Lleve a ebullición, baje el fuego y cueza 8 minutos a fuego lento o hasta que las manzanas hayan adquirido una textura blanda.

Sirva caliente el budín de arroz, coronado por las manzanas al azafrán y su almíbar.

Las manzanas, deliciosas tanto crudas como cocidas, versátiles y fáciles de armonizar con otros sabores, son, para muchos, su fruta preferida. Se cultivan desde hace cientos de años y existen miles de variedades. Es fácil olvidar que son estacionales, y que gran parte de su producción se distribuye entre otoño e invierno. Las manzanas comestibles son dulces y, a veces, ligeramente ácidas. Son perfectas para utilizar en empanadas y tartas, ya que su bajo contenido en azúcar significa que conservan bien su forma. Las manzanas más ácidas se reblandecen una vez cocinadas u horneadas y son ideales para preparar purés.

tartas de manzana..para 4 personas

AL IGUAL QUE OCURRE CON MUCHAS TARTAS CLÁSICAS, LO MÁS INTERESANTE DE ESTE POSTRE RADICA EN SU SENCI-
LLEZ, YA QUE ENTRE SUS INGREDIENTES SE ENCUENTRAN LA PASTA HOJALDRADA, LA FRUTA DULCE Y CARAMELIZADA Y
UNA SUPERFICIE LIGERAMENTE CRUJIENTE. PUEDE PREPARAR SU PROPIO AZÚCAR VAINILLADO INTRODUCIENDO UNAS
VAINAS DE VAINILLA EN UN BOTE DE AZÚCAR. CIERRE BIEN Y DEJE REPOSAR DE 2 A 3 SEMANAS PARA QUE LA VAINILLA
AROMATICE EL AZÚCAR.

almendras molidas	35 g
mantequilla	20 g, derretida
pasta hojaldrada de mantequilla	2 láminas, congelada
yema de huevo	1, a temperatura ambiente, colada
manzana roja	1
manzana verde	1
confitura de albaricoque	2 cucharadas, calentada y colada
azúcar vainillado	1 cucharada
crema de leche espesa	para acompañar

Precaliente el horno a 200 ºC.

Mezcle las almendras molidas y la mantequilla derretida en un cuenco
pequeño. Coloque una lámina de pasta de hojaldre sobre una hoja
de papel sulfurizado y ponga encima la otra lámina de hojaldre. Corte
la pasta en cuatro cuadrados; corte a través de las dos capas de
pasta (es preferible hacerlo con la pasta sin descongelar totalmente,
pero no demasiado blanda). Deslice el papel y la pasta sobre la placa
de hornear.

Pincele los cuadrados de pasta con la yema de huevo previamente
colada. Reparta la mezcla de almendras entre la pasta y extiéndala
formando una capa fina, y dejando libres los bordes.

Corte las manzanas en láminas finas y alterne láminas de manzana
roja y verde sobre cada cuadrado de pasta. Pincele con la confitura
de albaricoque y espolvoree con el azúcar.

Hornee las tartas 15 minutos, o hasta que hayan aumentado su volumen y estén doradas. Sírvalas calientes acompañadas de crema de
leche espesa.

Pincele cada cuadrado de pasta
con la yema de huevo colada.

Extienda la mezcla de almendras
sobre cada cuadrado de pasta.

Alterne láminas de manzana roja
y verde.

pastel de chocolate, avellanas y naranja con salsa de naranjas sanguinas . . . . para 6–8 personas

ESTE PASTEL, MARAVILLOSAMENTE JUGOSO, SE COMPLEMENTA CON LA SALSA CÍTRICA. LAS NARANJAS SANGUINAS APARECEN EN UNA ÉPOCA MUY BREVE, POR LO QUE VALE LA PENA UTILIZARLAS CUANDO ESTÁN DISPONIBLES. SON PONTENTES, DULCES Y AROMÁTICAS, CON UN TONO VIVO TANTO EN LA PIEL COMO EN LA CARNE. NECESITARÁ DE CUATRO A CINCO NARANJAS PARA EL ALMÍBAR.

chocolate negro de calidad	200 g, picado
avellanas blanqueadas	200 g
mantequilla	200 g, a punto de pomada
azúcar blanquilla	175 g
huevos	4, a temperatura ambiente
café expreso soluble	3 cucharaditas
naranja	1, cáscara finamente rallada
maicena	100 g
azúcar lustre	para espolvorear
crema de leche espesa	para acompañar

almíbar de naranjas sanguinas

zumo de naranjas sanguinas	250 ml
azúcar blanquilla	55 g
licor de naranja, como Cointreau	1 cucharadita, opcional

Precaliente el horno a 170 °C y unte con mantequilla un molde de base desmontable de 20 cm de diámetro.

Ponga el chocolate en un cuenco refractario y colóquelo sobre un cazo con agua sin que llegue a hervir y asegúrese de que la base del cuenco no toca el agua. Caliente hasta que se funda.

Introduzca las avellanas en el robot eléctrico y píquelas bien. Bata, en un cuenco grande, la mantequilla y el azúcar blanquilla con la batidora eléctrica de varillas hasta que la mezcla adquiera un color pálido y esté esponjosa. Incorpore las yemas, de una en una, sin dejar de batir. Mezcle suavemente con el chocolate fundido, el café soluble y la cáscara de naranja. Incorpore la maicena y las avellanas picadas.

Bata las claras a punto de nieve. Con una cuchara grande de metal, añada una cucharada de claras a la mezcla de chocolate. Posteriormente, incorpore el resto de claras batidas. Vierta la mezcla en el molde y nivele la superficie. Hornee 30 minutos; luego cubra holgadamente con papel de aluminio y hornee otros 40-45 minutos, o hasta que, al insertar una broqueta en el centro del pastel, salga limpia. No se preocupe si la superficie se abre.

Mientras, para preparar el almíbar de naranjas sanguinas, vierta el zumo de naranja previamente colado en un cazo pequeño y añada el azúcar. Remueva a fuego lento hasta que se haya disuelto. Lleve a ebullición, baje el fuego y cueza a fuego lento de 10-12 minutos, o hasta que se haya reducido a la mitad. Mezcle con el licor, si lo emplea, y deje enfriar ligeramente.

Para servir, corte el pastel caliente en porciones. Espolvoréelas ligeramente con azúcar lustre, vierta por encima un poco del almíbar de naranja caliente y sirva con crema espesa.

Incorpore las avellanas picadas en la mezcla de pastel.

Cueza a fuego lento el zumo de naranjas sanguinas y el azúcar.

brioche con manzanas caramelizadas y crema inglesa

para 6 personas

SE TRATA DE UN POSTRE A LA VEZ INDULGENTE Y TENTADOR. TAMBIÉN PUEDE SERVIRSE COMO DESAYUNO UN DÍA DE FIESTA, Y PONER ÉNFASIS EN LA FRUTA COMO INGREDIENTE SALUDABLE. LA CREMA INGLESA DEBE VIGILARSE CUIDADOSAMENTE DURANTE LA COCCIÓN, YA QUE PUEDE CORTARSE SI SE CALIENTA DEMASIADO.

crema inglesa

yemas de huevo	4, a temperatura ambiente
azúcar blanquilla	55 g
leche	170 ml
crema de leche espesa	170 ml
vaina de vainilla	1, partida a lo largo

manzanas caramelizadas

manzanas granny smith	3
azúcar blanquilla	115 g
mantequilla	20 g

brioche	6 rebanadas de 2 cm de grosor
crema de leche espesa	185 ml
huevos	2, a temperatura ambiente
licor de naranja, como, por ejemplo, Cointreau	2 cucharadas
azúcar blanquilla	2 cucharaditas
mantequilla	30 g
azúcar lustre	para espolvorear

Para preparar la crema inglesa, bata las yemas con el azúcar hasta que estén mezcladas. Caliente la leche, la crema y la vainilla en un cazo hasta que casi alcancen el punto de ebullición. Retire del fuego y saque la vaina de vainilla; raspe bien las semillas sobre el líquido. Vierta la mezcla de leche caliente sobre la de yemas y mezcle bien.

Cuele la preparación anterior sobre un cazo limpio. Remueva sin cesar con una cuchara de madera a fuego lento hasta que la crema espese. No deje que hierva, ya que se cortaría. Pruebe su consistencia sumergiendo una cuchara y pasando un dedo por el dorso; debe dejar una línea limpia. Vierta la crema en un cuenco, tápela y consérvela en el frigorífico.

Para preparar las manzanas caramelizadas, pélelas, elimine el corazón y córtelas en ocho trozos. Esparza un poco de azúcar sobre la base de una sartén de fondo grueso y caliente a fuego lento hasta que el azúcar se haya derretido. Incorpore el resto del azúcar en la sartén y remueva hasta que esté ligeramente dorado. Añada la mantequilla y remueva. Incorpore las manzanas y cueza a fuego fuerte; remueva con cuidado, de vez en cuando, durante 10 minutos, o hasta que estén bien doradas. No las cueza en exceso, ya que deben conservar su forma. El azúcar y la mantequilla pueden separarse; sin embargo, volverán a ligarse durante la cocción de las manzanas. Retire la sartén del fuego y reserve al calor.

Corte cada rebanada de *brioche* en un círculo de 9 cm. Mezcle la crema, los huevos, el licor y el azúcar en un cuenco. Derrita la mantequilla en una sartén grande dispuesta a fuego medio. Pase los círculos de *brioche* por la mezcla de huevo, y deje que se remojen ligeramente; posteriormente, fríalos hasta que estén dorados por ambas caras. Retírelos de la sartén y resérvelos al calor.

Para servir, vierta una ración de crema inglesa en un plato de servicio, ponga encima un círculo de *brioche* y reparta la manzana caramelizada por encima. Espolvoree ligeramente con azúcar lustre.

Utilice un cortapastas para cortar los círculos de *brioche*.

Pase los círculos de *brioche* por la mezcla de huevo.

tarta *frangipane* de peras y nueces .... para 6-8 personas

LA TARTA *FRANGIPANE* TRADICIONALMENTE SE HA PREPARADO CON ALMENDRAS, A PESAR DE QUE, EN ESTA VERSIÓN, LAS NUE-
CES COMBINAN PARTICULARMENTE BIEN CON LAS PERAS. EL RELLENO SUBIRÁ LIGERAMENTE AL COCERSE, RODEARÁ LA FRUTA
Y LA MANTENDRÁ EN SU SITIO. LA *FRANGIPANE* ARMONIZA CON MUCHAS FRUTAS, POR LO QUE CONSTITUYE UNA RECETA BÁSI-
CA Y EXCELENTE PARA SU REPERTORIO.

pasta

harina	175 g
mantequilla	90 g, fría y en dados
huevo	1, a temperatura ambiente
agua helada	2-3 cucharadas
zumo de limón	3 cucharaditas
peras	3
canela molida	½ cucharadita
azúcar blanquilla	2 cucharadas
vaina de vainilla	1, partida a lo largo
azúcar lustre	para espolvorear

frangipane de nueces

mantequilla	100 g, a punto de pomada
azúcar blanquilla	115 g
extracto de vainilla natural	1 cucharadita
huevos	2, a temperatura ambiente
nueces molidas	150 g
harina	30 g

Para preparar la pasta, precaliente el horno a 190 °C. Unte ligeramente con mantequilla una tartera de 23 cm de diámetro. Tamice la harina
y una pizca de sal sobre un cuenco. Amase ligeramente la mantequilla con la harina hasta que la mezcla se asemeje a unas migas. Bata el
huevo, la mitad del agua y el zumo de limón en un cuenco pequeño, y
vierta sobre la preparación de harina. Mezcle con el canto romo de un
cuchillo para obtener una masa; añada el resto del agua, si fuese necesario. Amase rápidamente sobre la superficie de trabajo espolvoreada con harina. Aplaste la masa formando un disco, envuélvalo en
plástico y conserve en el frigorífico 1 hora.

Pele, elimine el corazón y corte las peras en láminas. Ponga las peras, la canela y el azúcar en un cazo. Raspe las semillas de la vainilla
sobre el cazo y añada la vaina. Incorpore 60 ml de agua y caliente por
debajo del punto de ebullición; posteriormente, cueza 8 minutos o
hasta que la pera se ablande. Resérvela.

Para preparar la *frangipane* de nueces, bata la mantequilla y el azúcar
hasta que la mezcla resulte cremosa y esponjosa. Añada la vainilla y
los huevos, de uno en uno, sin dejar de batir. Incorpore las nueces
molidas y la harina y mezcle bien.

Extienda la masa entre dos láminas de papel de hornear y forre el
molde. Coloque cuidadosamente la pasta en el molde, retire el papel
y recorte el exceso de pasta. Pinche ligeramente la base con un tenedor. Conserve en el frigorífico 10 minutos.

Forre el molde con papel sulfurizado y ponga encima unas legumbres
secas o arroz crudo. Hornee a ciegas 15 minutos, retire el papel y las
legumbres y vuelva a introducir en el horno otros 5-8 minutos, o hasta que la pasta esté ligeramente dorada.

Extienda la mezcla de *frangipane* sobre el fondo de tarta y coloque las
láminas de pera encima. Hornee de 30-35 minutos, o hasta que la
superficie esté ligeramente dorada y la *frangipane* esté firme al introducir una broqueta. Sirva la tarta espolvoreada con azúcar lustre.

Añada un poco de agua
para ablandar las peras.

Asegúrese de que la preparación
esté bien mezclada.

budín de chocolate y canela .... para 4 personas

ESTOS BUDINES INDIVIDUALES CONSTITUYEN UNA FANTÁSTICA FORMA DE FINALIZAR UNA COMIDA, Y, AUNQUE TODA LA PREPARACIÓN DEBE REALIZARSE DE UNA VEZ, SÓLO PRECISARÁ 30 MINUTOS. FINALMENTE, HORNEE 40 MINUTOS ANTES DE SERVIR PARA OBTENER UN DELICIOSO BUDÍN.

chocolate negro de calidad	50 g, picado
mantequilla	60 g, en dados
cacao en polvo	2 cucharadas, tamizado
leche	160 ml
harina con levadura	125 g
azúcar blanquilla	115 g
azúcar moreno	80 g
huevo	1, a temperatura ambiente
crema de leche espesa	para acompañar

salsa de canela

canela molida	1 ½ cucharaditas
mantequilla	50 g, en dados
azúcar moreno blando	60 g
cacao en polvo	30 g, tamizado

Precaliente el horno a 180 °C y unte con mantequilla 4 moldes refractarios de 250 ml de capacidad.

Mezcle el chocolate, la mantequilla, el cacao y la leche en un cazo. Remueva a fuego lento hasta que el chocolate se haya fundido. Retire del fuego.

Tamice la harina sobre un cuenco grande y mézclela con los azúcares. Añada a la mezcla de chocolate con el huevo y mezcle bien. Vierta la mezcla en los moldes, ponga en una fuente de hornear y reserve.

Para preparar la salsa de canela, vierta 375 ml de agua en un cazo pequeño. Incorpore la canela, la mantequilla, el azúcar moreno y el cacao y mezcle a fuego lento hasta que la preparación resulte homogénea.

Vierta la salsa en los budines sobre el dorso de una cuchara. Hornéelos 40 minutos o hasta que estén firmes. Desmolde los budines y sírvalos con crema de leche espesa.

Parece que cualquier especia digna de denominarse así es difícil de recolectar; además, es apreciada y disputada en la misma medida. La canela no constituye una excepción. Su empleo se remonta a los tiempos de los antiguos egipcios, cuando se utilizaba como agente para embalsamar. Por otro lado, se ha luchado por su control en Sri Lanka, de donde procede. Con respecto a su recolección, la corteza interna del árbol *Cinnamomum zeylanicum* se retira y, posteriormente, se limpia, seca y comercializa en forma de ramas de canela. La corteza de la cassia se comercializa a menudo como canela, aunque no tiene sus mismas propiedades. La canela también se encuentra disponible molida.

helado de tiramisú

TIRAMISÚ SIGNIFICA «LEVÁNTAME» EN ITALIANO, Y ESTE SUNTUOSO HELADO LE HACE LOS HONORES. EL MARSALA ES UN VINO GENEROSO SICILIANO ENVEJECIDO DE 2 A 5 AÑOS. TIENE UN SABOR AHUMADO OPULENTO Y UN COLOR OSCURO AMBARINO.

leche	250 ml
vaina de vainilla	1, partida a lo largo
yemas de huevo	4, a temperatura ambiente
azúcar blanquilla	150 g
café instantáneo soluble	20 g
marsala o jerez dulce	80 ml
licor de café	2 cucharadas
agua hirviendo	125 ml
crema de leche espesa	310 ml
bizcochos de soletilla	6

Vierta la leche en un cazo. Raspe las semillas de la vainilla sobre el cazo y añada la vaina. Caliente a fuego lento de 4-5 minutos o hasta que casi alcance el punto de ebullición. Retire la vaina. Bata las yemas y el azúcar con una batidora eléctrica de varillas hasta que la mezcla blanquee y quede espesa. Vaya incorporando la mezcla de huevo y bata hasta obtener una preparación homogénea. Vierta de nuevo la preparación en el cazo y mezcle sin cesar a fuego lento, de 6-8 minutos, o hasta que la crema haya espesado y recubra el dorso de una cuchara.

Retire el cazo del fuego. Cuele la crema y distribúyala en dos moldes aptos para el congelador. Disuelva la mitad del café soluble en un molde y vierta el vino en el otro. Mezcle bien. Conserve en el frigorífico los moldes de crema durante 30 minutos.

Bata la crema hasta que esté montada. Incorpore la mitad de la crema a la mezcla de café y el resto a la crema de vino. Introduzca los recipientes en el congelador. Cuando el helado empiece a cuajar, bátalo con una batidora eléctrica de varillas para romper los cristales de hielo. Vuelva a introducir en el congelador hasta que el helado esté firme y, posteriormente, bata bien.

Forre la base y las paredes de un molde para pan de 8 x 17 cm y 6 cm de altura con papel de aluminio y pincele con agua. Vierta el helado de café en el molde nivelando la superficie. Sumerja ambos lados de los bizcochos en la mezcla fría de licor de café; colóquelos sobre el helado de café formando una capa compacta, y córtelos para que encajen. Ponga encima el helado de marsala y nivele la superficie. Cubra el molde con papel de aluminio e introduzca en el congelador hasta que solidifique. Desmolde el helado, retire el papel y córtelo en porciones para servir.

Como alternativa, puede preparar el helado en una heladera. Para ello, bata la crema de café hasta que esté parcialmente cuajada; luego póngala en el molde, cubra con los bizcochos remojados e introduzca en el congelador mientras bate la crema de marsala.

Remoje los bizcochos en la mezcla de café y licor.

Corte los bizcochos para que encajen en el molde.

el suflé perfecto

Los suflés pueden ser dulces o salados y se mantienen gracias a los huevos batidos y al aire caliente. Teóricamente, los suflés siempre se sirven calientes, aunque, en algunas ocasiones, las *mousses* frías o heladas también se denominan suflés. Un suflé dulce se prepara a partir de una base de puré de frutas o una crema, a la que se puede añadir chocolate fundido, frutas y frutos secos y licores. Una vez preparada la mezcla de suflé, debe hornearse rápidamente y servirse inmediatamente.

Para preparar un suflé de chocolate perfecto, precaliente el horno a 200 ºC y ponga una placa para hornear en el interior del horno para que se caliente. Envuelva 6 moldes individuales para suflé, de 250 ml de capacidad, en papel sulfurizado, de forma que sobrepasen su altura unos 3 cm sobre el borde; asegúrelos con un bramante. Esto ayuda a que el suflé suba bien. Pincele el interior de los moldes con mantequilla derretida y espolvoréelos con azúcar lustre; posteriormente, sacúdalos para eliminar el exceso de azúcar. Esta capa de mantequilla y azúcar ayuda a que el suflé se adhiera a las paredes del molde y aumente de tamaño mientras se cuece.

Ponga 175 g de chocolate picado de calidad en un cuenco grande refractario. Colóquelo sobre una cacerola con agua sin que llegue a hervir y asegúrese de que la base del cuenco no toca el agua. Remueva hasta que el chocolate se funda y quede homogéneo; posteriormente, retire el cuenco de la cacerola. Mezcle el chocolate con 5 yemas de huevo ligeramente batidas y 60 g de azúcar blanquilla. Bata 7 claras de huevo hasta que estén a punto de nieve. Mezcle suavemente un tercio de las claras montadas en la mezcla de chocolate. Luego, ayudándose de una cuchara de metal, incorpore el resto de las claras y mezcle hasta que estén incorporadas. Vierta la mezcla en los moldes y pase el dedo pulgar o el canto romo de un cuchillo alrededor del borde interno del molde y el extremo de la preparación. Esto ayuda a que el suflé suba de forma homogénea. Coloque los moldes en la fuente precalentada y hornéelos de 12-15 minutos o hasta que estén hinchados y el interior haya cuajado. No abra la puerta del horno mientras los suflés están horneándose. Corte el bramante y retire el collar de papel. Sirva inmediatamente y ligeramente espolvoreados con azúcar lustre. La cantidad es suficiente para 6 personas.

tarta merengada
de peras y ruibarbo .... para 6 personas

MUCHAS PERSONAS SONREIRÁN ANTE ESTA TARTA, YA QUE EL RUIBARBO ES, DE HECHO, UNA HORTALIZA; SIN EMBARGO, UINA VEZ MADURO PUEDE TRATARSE DE OTRAS FORMAS, ESPECIALMENTE JUNTO A UNAS JUGOSAS PERAS Y UN DULCE MERENGUE.

pasta

mantequilla	60 g, fría y en dados
harina	125 g, tamizada
azúcar blanquilla	2 cucharadas
sal	½ cucharadita
agua helada	1 cucharada
yemas de huevo	2, a temperatura ambiente
extracto de vainilla natural	¼ de cucharadita

relleno

peras firmes tipo nashi	2
ruibarbo	5 tallos (unos 400 g)
azúcar blanquilla	60 g
vaina de vainilla	1, partida a lo largo
maicena	3 cucharaditas

merengue

claras de huevo	3, a temperatura ambiente
azúcar blanquilla	115 g
azúcar lustre	para espolvorear

Para preparar la pasta, precaliente el horno a 180 ºC. Unte ligeramente con mantequilla un molde para tarta de fondo desmontable de 22 cm de diámetro y 2 cm de altura. Amase la mantequilla con la harina en un cuenco hasta que la mezcla adquiera la textura de unas migas. Mezcle el azúcar, la sal, el agua, las yemas y la vainilla en otro cuenco e incorpórelos a la mezcla de harina con un cuchillo paleta. Amase ligeramente sobre la superficie de trabajo ligeramente espolvoreada con harina hasta que la masa adquiera una textura homogénea. Aplánela formando un círculo, envuélvalo en película de plástico y conserve en el frigorífico 30 minutos.

Mientras, prepare el relleno. Pele, elimine el corazón y corte las peras en trozos de 2 cm. Corte los tallos de ruibarbo en trozos de 4 cm. Ponga la pera, el azúcar y 125 ml de agua en un cazo. Raspe las semillas de la vaina de vainilla en el cazo e incorpore la vaina. Lleve a ebullición, remueva y baje el fuego a medio-bajo y cueza durante 5 minutos. Añada el ruibarbo y cueza 10 minutos a fuego lento, o hasta que la pera y el ruibarbo estén blandos. Mezcle 1 cucharada de agua con la maicena hasta que la mezcla quede homogénea, incorpore a la preparación de ruibarbo y cueza hasta que se haya espesado. Deje enfriar y retire la vaina de vainilla.

Extienda la pasta entre dos láminas de papel sulfurizado. Coloque con cuidado la pasta en el molde y recorte el exceso. Pinche el fondo de tarta con un tenedor. Conserve en el frigorífico 15 minutos.

Forre el fondo de tarta con papel sulfurizado y ponga encima unas legumbres secas o arroz crudo. Hornee a ciegas 15 minutos, retire el papel y las legumbres e introduzca el fondo de tarta de nuevo en el horno otros 8 minutos. Deje enfriar la tarta. Aumente la temperatura del horno a 200 ºC.

Para preparar el merengue, bata las claras con la batidora eléctrica de varillas hasta que estén a punto de nieve. Añada el azúcar, cucharada a cucharada, sin dejar de batir, hasta que se haya disuelto. Continúe batiendo y añadiendo azúcar hasta que el merengue esté espeso y brillante. Ponga el relleno en el fondo de tarta, cubra con el merengue y espolvoree con azúcar lustre. Hornee 8 minutos, o hasta que la superficie esté ligeramente dorada. Sirva a temperatura ambiente.

Corte los tallos de ruibarbo en trozos regulares.

Utilice el dorso de una cuchara para formar picos en el merengue.

manzanas y fruta de la pasión
con migas . . . . para 4–6 personas

EXISTEN INNUMERABLES VERSIONES DE POSTRES CON MIGAS; NO OBSTANTE, TODOS SE BASAN EN LA FÓRMULA DE FRUTAS ENDULZADAS CUBIERTAS POR UNA COBERTURA DORADA DE HARINA, AZÚCAR Y MANTEQUILLA. AQUÍ, LA FRUTA DE LA PASIÓN Y EL COCO APORTAN PERSONALIDAD A LOS SABORES BÁSICOS.

frutas de la pasión	4
manzanas verdes	4
azúcar blanquilla	55 g, más 80 g
coco rallado	60 g
harina	90 g
mantequilla	80 g, a punto de pomada

Precaliente el horno a 180 °C y unte con mantequilla una fuente refractaria de 1 l de capacidad.

Cuele la fruta de la pasión y deseche la pulpa. Vierta el zumo en un cuenco. Pele, elimine el corazón y corte en láminas finas las manzanas. Incorpórelas al zumo de fruta de la pasión junto con 55 g del azúcar. Mezcle bien y vierta la preparación a la fuente.

Mezcle, en un cuenco, el coco, la harina, los 80 g de azúcar y la mantequilla y amáselos hasta que la preparación adquiera el aspecto de unas migas. Coloque encima la mezcla de manzana.

Hornee de 25-30 minutos, o hasta que la cobertura quede crujiente y dorada.

Asegúrese de que obtiene
el máximo zumo posible.

Pele las manzanas
y elimine el corazón.

Amase los ingredientes secos
con las yemas de los dedos.

cremas de naranja y chocolate .... para 8 personas

CUALQUIER POSTRE QUE LLEVE CREMA Y CHOCOLATE ES SABROSO; AUNQUE LA CÁSCARA DE NARANJA NO ALTERE EL RESULTADO, SU SABOR LIMPIO Y PERFUMADO CONSTITUYE UNA PARTE ESENCIAL DE LA PREPARACIÓN. LAVE Y SEQUE BIEN LA NARANJA ANTES DE RALLARLA; TENGA CUIDADO DE NO ALCANZAR LA MEMBRANA BLANCA, YA QUE ES AMARGA.

crema de leche espesa	500 ml
chocolate negro	250 g, picado
gelatina en polvo	2 cucharaditas
yemas de huevo	6, a temperatura ambiente
naranja	1, cáscara finamente rallada

Caliente la crema en un cazo pequeño hasta que alcance el punto de ebullición. Incorpore el chocolate y remueva a fuego lento hasta que se funda y la mezcla adquiera una textura homogénea.

Vierta 60 ml de agua en un cuenco pequeño y espolvoree por encima la gelatina. Deje que la gelatina aumente de volumen. Mezcle la gelatina con la preparación de chocolate.

Bata las yemas con la batidora eléctrica de varillas durante 3 minutos, o hasta que la mezcla espese y blanquee. Incorpore, sin dejar de batir, un poco de la mezcla de chocolate caliente a las yemas; después, vierta la preparación de yemas sobre el resto del chocolate sin dejar de batir. Mezcle con la cáscara de naranja rallada.

Distribuya la mezcla en 8 moldes de 125 ml de capacidad y conserve en el frigorífico toda la noche para que las cremas cuajen. Sirva las cremas de chocolate cubiertas con la cáscara de naranja, si lo desea.

Las naranjas son originarias de China y, en la actualidad, forman parte de la dieta de muchas personas en todo el mundo. Las naranjas han recorrido un largo camino desde sus orígenes y pueden dividirse en: sanguinas (color vivo, sabor dulce), dulces (buen zumo y algunas pepitas), navel (fáciles de pelar, con mucho sabor y casi sin pepitas) y amargas, como las naranjas de Sevilla (piel aromática y sabor ácido), que se emplean en confituras, licores y para preparar agua de azahar. Al comprarlas, elija ejemplares que parezcan pesar más de lo que indica su tamaño y que tengan una piel lisa. La piel de muchas naranjas está recubierta de una cera para que brillen. Si va a usar la piel, frótela bien o, si es posible, compre naranjas no tratadas químicamente.

flanes de almendra y agua de rosas
con ensalada de naranja y dátiles . . . . para 4 personas

ESTE INTERESANTE POSTRE CONTIENE ESENCIA DE ALMENDRAS AMARGAS COMO AROMATIZANTE. ES PREFERIBLE EMPLEAR EXTRACTO DE ALMENDRAS NATURAL EN LUGAR DE SINTÉTICO.

gelatina en polvo	3 cucharaditas
leche	500 ml
azúcar blanquilla	2 cucharadas
esencia de almendras amargas	½ cucharadita
agua de rosas	1 cucharadita
naranjas	2
dátiles frescos	8, deshuesados y picados en grandes trozos

Ponga 60 ml de agua en un cuenco pequeño y espolvoree por encima la gelatina. Deje que la gelatina aumente de tamaño. Mezcle, en un cazo pequeño, la leche con el azúcar y caliente a fuego medio hasta que el azúcar se haya disuelto. Cuando la leche esté casi caliente, retire el cazo del fuego. Sin dejar de remover, incorpore la mezcla de gelatina y espere hasta que se disuelva en la leche caliente. Cuele la preparación sobre un cuenco y mezcle con la esencia de almendras y el agua de rosas.

Vierta la preparación en 4 flaneras de 125 ml de capacidad y conserve en el frigorífico 3 horas como mínimo, o hasta que la mezcla esté firme.

Pele las naranjas con un cuchillo afilado y retire la membrana amarga. Sostenga una naranja sobre un cuenco y retire los gajos cortando entre las membranas. Retire las pepitas. Añada los gajos al cuenco con el zumo. Exprima el resto del zumo de las naranjas. Incorpore los dátiles picados en el cuenco y mezcle.

Para servir, envuelva las flaneras en un paño limpio caliente y desmolde sobre los platos de servicio. Acompañe los flanes con la ensalada de naranja y dátiles.

Cuele la mezcla de leche y gelatina sobre un cuenco.

Pele la naranja y retire la membrana blanca.

Corte entre las membranas para retirar los gajos.

pastel de *ricotta*, naranja y nueces .... para 6–8 personas

ESTE PASTEL DEMUESTRA LA VERSATILIDAD DE LA NARANJA PARA COMBINAR CON DIFERENTES SABORES, EN ESTE CASO CON NUECES, *RICOTTA* Y CACAO. ADQUIERA *RICOTTA* DE CALIDAD AL PESO PARA ESTE PASTEL; LA DE TERRINA NO RESULTA ADECUADA.

mitades de nueces	150 g
mantequilla	150 g, a punto de pomada
azúcar blanquilla	150 g
huevos	5, a temperatura ambiente, separadas las claras de las yemas
naranja	1 grande, cáscara finamente rallada
zumo de limón	1 cucharadita
queso *ricotta*	200 g
harina	60 g
cacao en polvo sin azucarar	para espolvorear

cáscara de naranja confitada

naranja	1 grande
zumo de naranja	250 ml
azúcar blanquilla	115 g

Precaliente el horno a 200 ºC y unte con mantequilla un molde de base desmontable de 22 cm de diámetro.

Extienda las nueces en una placa para hornear y tuéstelas 5 minutos. Pique en grandes trozos un tercio de las nueces con un cuchillo. Resérvelas. Pique finamente el resto de las nueces en un robot y extiéndalas en la base del molde formando una capa gruesa. Baje la temperatura del horno a 190 ºC.

Bata, en un cuenco, la mantequilla con 90 g de azúcar con la ayuda de una batidora eléctrica de varillas, hasta que la mezcla adquiera una textura pálida y esponjosa. Añada las yemas, la cáscara de naranja, el zumo de limón, el queso, la harina y las nueces reservadas y mezcle suavemente.

Bata, en un cuenco grande, las claras hasta que formen picos blandos. Vaya añadiendo el resto del azúcar y bata hasta que estén a punto de nieve. Con la ayuda de una cuchara de metal, incorpore una cucharada de las claras a la mezcla de *ricotta* y, posteriormente, incorpore el resto con cuidado. Vierta la mezcla en el molde y nivele la superficie. Hornee de 35-40 minutos, o hasta que el pastel haya cuajado y la superficie esté dorada. Déjelo enfriar en el molde 15 minutos antes de desmoldarlo.

Mientras, prepare la cáscara de naranja confitada. Pele cuidadosamente la naranja con un cuchillo mondador afilado y retire toda la membrana. Corte la cáscara en tiras largas de 3 mm de ancho. Introdúzcalas en un cuenco y cúbralas con agua hirviendo. Déjelas reposar de 3-4 minutos, escúrralas y séquelas con papel de cocina. Mezcle el zumo de naranja y el azúcar en un cazo pequeño hasta que se disuelva. Lleve a ebullición, incorpore la cáscara de naranja y cueza 5 minutos a fuego lento. Retire la cáscara con unas pinzas y extiéndala sobre un plato para que se enfríe.

Para servir, espolvoree el centro del pastel con cacao y deje 5 cm de borde sin cubrir. Adorne con las tiras de cáscara de naranja alrededor del borde y corte en porciones.

Corte la cáscara de naranja en tiras largas.

Cueza la cáscara de naranja en el almíbar 5 minutos.

índice

BLUME

Título original:
Cooking Desserts

Traducción y revisión de la edición en lengua española:
Ana María Pérez Martínez
Especialista en temas culinarios

Coordinación de la edición en lengua española:
Cristina Rodríguez Fischer

Primera edición en lengua española 2006

© 2006 Naturart, S.A. Editado por Blume
Av. Mare de Déu de Lorda, 20
08034 Barcelona
Tel. 93 205 40 00   Fax 93 205 14 41
E-mail: info@blume.net
© 2005 Murdoch Books Pty Limited, Australia

I.S.B.N.: 84-8076-621-2

Impreso en China

CONSULTE EL CATÁLOGO DE PUBLICACIONES ON LINE
INTERNET: HTTP://WWW.BLUME.NET

NOTA IMPORTANTE: Las personas con una susceptibilidad especial a la intoxicación por salmonela (ancianos,
embarazadas, niños y afectados por deficiencias de inmunidad importantes) deben consultar con su médico
antes de ingerir huevos crudos.

GUÍA DE CONVERSIÓN: Puede observar que los tiempos de cocción varían en función de su horno;
si usted cuenta con un horno con turbo, sitúe la temperatura unos 20 °C por debajo de lo indicado en la receta.
Las medidas de las cucharas corresponden a 20 ml; si utiliza cucharas de 15 ml, probablemente no se notará la
diferencia. Sin embargo, para las recetas que emplean harina para hornear, gelatina, bicarbonato de soda o cantidades
pequeñas de harina de maíz, añada una cucharadita más de lo que se especifica.